网络环境下大学英语
写作教学理论与实践

李 卓 李忱阳◎著

吉林出版集团股份有限公司
全国百佳图书出版单位

图书在版编目（CIP）数据

网络环境下大学英语写作教学理论与实践/李卓，李忱阳著. -- 长春：吉林出版集团股份有限公司，2023.6
　　ISBN 978-7-5731-3939-9

　　Ⅰ.①网… Ⅱ.①李…②李… Ⅲ.①英语—写作—教学研究—高等学校 Ⅳ.① H315

中国国家版本馆 CIP 数据核字 (2023) 第 126906 号

网络环境下大学英语写作教学理论与实践
WANGLUO HUANJING XIA DAXUE YINGYU XIEZUO JIAOXUE LILUN YU SHIJIAN

著　　者	李　卓　李忱阳
责任编辑	关锡汉
封面设计	李　伟
开　　本	710mm×1000mm　　1/16
字　　数	210 千
印　　张	12
版　　次	2024 年 1 月第 1 版
印　　次	2024 年 1 月第 1 次印刷
印　　刷	天津和萱印刷有限公司

出　　版	吉林出版集团股份有限公司
发　　行	吉林出版集团股份有限公司
地　　址	吉林省长春市福祉大路 5788 号
邮　　编	130000
电　　话	0431-81629968
邮　　箱	11915286@qq.com
书　　号	ISBN 978-7-5731-3939-9
定　　价	72.00 元

版权所有　翻印必究

作者简介

李卓，女，毕业于中国石油大学（华东）英语语言文学专业，硕士研究生，现任职于大庆开放大学，副教授。研究方向为英语教学、英汉翻译、语料库语言学。

主持《大庆市公共场所公示语英译现状及规范研究》"十三五"规划课题1项。

参与《高校青年教师教学能力及职业素养提升路径研究》等课题9项。

参编普通高等教育"十三五"规划教材《大学英语》。

发表《开放大学地方学院特色英语教学模式探索》等学术论文十余篇。

发明英语专业实用新型专利4项。

撰写论文、课题多次获得大庆市社会科学优秀科研成果奖项，获评全国成人继续教育优秀科研成果奖项。

李忱阳，女，毕业于东北农业大学，英语语言文学专业，硕士研究生，现任职于齐齐哈尔大学公共外语教研部，讲师。本人曾获黑龙江省社会科学优秀成果三等奖；曾参与过多项市厅级项目的研究，并在国内重要学术刊物上发表多篇学术论文。

前　言

大学英语教学的目标是培养学生的英语综合应用能力，而写作能力是英语应用能力的重要体现之一，它能从词汇、组句、篇章以及逻辑思维等方面考查学生综合运用英语语言的能力。

经研究发现，如果将网络技术融合到大学的英语教学中，那么这将对学生写作能力的提升有很大的促进作用。第一，当互联网技术融合进英语教学时，师生和生生之间的作文互评和作文修改将不再是阻碍学生英语写作能力发展的一大因素；第二，在虚拟的网络空间中，学生们不会面对面交流，这也在一定程度上避免了见面评价产生的尴尬情绪。过程写作教学法的施行对于学生批判性思维的培养也是十分有帮助的，可以让他们分析同学们的作文作品，从其中找出优缺点并与自己的文章进行比较，同时学生们的整合和分析能力也会有所提升。还有小组协作学习对于他们合作能力的培养也是具有积极的现实意义的。学生们可以参与各个不同环节的工作和任务之中，并在小组的学习氛围中激发出学生们的内在潜力。通过建立网络群组进行交流，学生们可以有更大接触真实语料和目的语文化的机会，同学之间进行资源共享，是提升文化意识的好机会。在接触众多材料的同时，学生们的阅读能力和写作能力自然也会有所提升，同时也培养了语感、锻炼了语言技能的实践能力，在这样积极的心理暗示下，学生们的英语写作水平有所提高也是必然的。

有研究结果表明，师生对于新型教学模式的认知和接受程度也是决定最终教学效果的关键因素。显然，因为个体差异性的客观存在，具有不同性格特征、在不同环境下成长起来的学生面对相同的新型教学模式会产生不同的反应和心理体会，他们在教学活动中的受益情况也是存在差异的。例如，一些考试驱动型学生对于新型教学模式的排斥态度尤其明显，在他们看来，其中一些教学任务对于提升考试成绩是无效的，自己无法在其中受益。在互联网时代下的大学英语教学环境中，要想取得良好的教学效果，学校的英语学习氛围、管理制度、硬件和软件资源以及学生的信息技术素养等都可以发挥十分关键的作用。

本书共分为六章内容。第一章为大学英语写作教学概述，主要介绍了大学英语教学问题分析、大学英语写作教学的现状分析以及中西思维方式差异对大学生英语写作的影响；第二章为大学英语写作分析，分别论述了大学英语写作的内容分析、过程分析以及评价分析；第三章为网络环境下英语写作教学改革的理论基础，具体介绍了英语写作教学改革的理论及启示、英语写作教学法以及网络环境下英语写作教学改革思路；第四章为网络环境下英语写作教学课程，分别论述了网络技术与英语写作教学的整合、网络环境下英语写作课程设计以及网络环境下英语写作课程学习策略；第五章为网络环境下英语写作实践教学模式，主要阐述了"以读促写"的英语写作教学模式、"生态化"大学英语写作教学模式以及"翻转课堂"大学英语写作教学模式；第六章为网络环境下英语写作教学资源的运用，分别介绍了基于语料库的英语写作教学资源的运用、英语写作多媒体资源的运用以及英语写作微课资源的运用。

本书共 21.9 万字，李卓撰写约 11.9 万字，李忱阳撰写约 10 万字。在撰写本书的过程中，作者得到了许多专家、学者的帮助和指导，参考了大量的学术文献，在此表达真诚的感谢。本书内容系统全面，论述条理清晰、深入浅出，但由于作者水平有限，书中难免会有疏漏之处，希望广大同行及时指正。

作者

2022 年 11 月

目 录

第一章　大学英语写作教学概述 1
　　第一节　大学英语写作教学的现状分析 1
　　第二节　中西思维方式差异对大学生英语写作的影响 5

第二章　大学英语写作分析 19
　　第一节　大学英语写作的内容分析 19
　　第二节　大学英语写作的过程分析 42
　　第三节　大学英语写作的评价分析 46

第三章　网络环境下英语写作教学改革的理论基础 59
　　第一节　英语写作教学改革的理论及启示 59
　　第二节　英语写作教学法 70
　　第三节　网络环境下英语写作教学改革思路 81

第四章　网络环境下英语写作教学课程 91
　　第一节　网络技术与英语写作教学的整合 91
　　第二节　网络环境下英语写作课程设计 100
　　第三节　网络环境下英语写作课程学习策略 108

第五章 网络环境下英语写作实践教学模式·····125
第一节 "以读促写"的英语写作教学模式·····125
第二节 "生态化"大学英语写作教学模式·····131
第三节 "翻转课堂"大学英语写作教学模式·····138

第六章 网络环境下英语写作教学资源的运用·····147
第一节 基于语料库的英语写作教学资源的运用·····147
第二节 英语写作多媒体资源的运用·····167
第三节 英语写作微课资源的运用·····174

参考文献·····180

第一章 大学英语写作教学概述

由于地方本科院校外语教学的地区差异较大、涉及的变量很多，互相之间的影响非常微妙复杂，因而在教学过程中，某一变量的细微变化都有可能导致教学效果的极大差别。本章内容为大学英语写作教学概述，主要介绍大学英语教学问题分析、大学英语写作教学的现状分析以及中西思维方式差异对大学生英语写作的影响等内容。

第一节 大学英语写作教学的现状分析

一、高校英语教学中学生写作能力具有差异性

英语写作是一个非常复杂的、需要大量用认知活动协调的工作。在写作中，学生要牢记写作任务的总目标、主要观点、支撑细节、文本的组织结构，以及读者已经知道什么、期望知道什么。高分组学生要能够不断地对自己的作品进行修改、完善；要能够用恰当的语言传递信息；要能够以一种让读者满意的方式，选择恰当的词语、语法结构传达自己的思想。另外，高分组学生与低分组学生在写作过程与成品方面存在明显差异。对地方院校非英语专业学生英语写作过程的研究表明：英语作文高分组学生用在写前构思、作品修改上的时间比低分组多，他们能够充分考虑到读者的需要；对作品的修改不停留在拼写、语法错误修改的表面层次，修改能够触及作品的结构、内容等深层次结构。此外，高分组学生倾向于反复地对作品进行完善，而低分组学生习惯于把写作视为直线性的过程。高分组学生在写作中能够同时考虑各种变量（读者、自己掌握的素材资源，所使用文体的特点），能够关注作品的主要思想、结构、语言的适宜性。写作不同于其他

复杂的认知活动，高分组学生在写作中付出的努力更多。主要原因是高分组学生能够更清醒地认识到写作中的各种规则，就像一个有经验的驾驶员能够自动化地熟练完成汽车运行过程中的各种操作一样并且还能够为自己设置更具有挑战性的任务。写作不是知识的推销，写作过程本身也是一个创造知识的过程。在英语写作中，高分组学生既能够考虑文章的内容，也能够关注自己所使用的修辞方法；他们习惯使用较复杂的长句，其写前准备更有效、更周密。

大学英语写作与母语写作在写作过程方面是相似的，但是，大学英语写作在写的过程中受到的限制因素更多、更困难，效率也较低。非英语专业学习者在写前准备、目标设定、材料组织方面碰到的困难更大。在英语写作中，所用词汇贫乏、错误更多，所以大多数学生倾向于使用简单的句子结构。为满足读者的需求，高分组学生在写作中能够同时考虑各种变量因素，能够灵活地使用已有资源解决修辞、内容方面的问题。与低分组学生相比，高分组学生在写作技巧的运用上更加流畅，在发现某些具体问题时，高分组学生往往更能够从实际出发，将所学习的解决策略综合运用到一起，而并不仅仅是发现问题就完事。由此看来，低分组学生在写作过程中遇到的问题更多，他们更加倾向于使用简单的方法去解决问题。虽说如此，他们也会积极将自己所学到的知识和理论应用到自己的文章之中，尤其是在文章结构和内容选择方面。从语言的使用方面来看，随着写作熟练度的不断提升，他们的写作能力和知识技能的运用能力也会随之得到成长。

下面是对影响学生英语写作能力的相关因素的分析。

（一）影响写作的个体因素

从认知的视角看，个体的因素在学生写作能力培养方面起着重要作用。与英语写作能力密切相关的个体因素可以概括如下：

1. 语言知识

显然，语言知识对提高英语写作能力具有重要作用，英语语言知识与写作能力的提高成正相关。学生需要熟练地掌握语言资源，例如，词汇、搭配、语法知识等。然而，语言知识不仅仅限于这些因素。学生还需要知道语言在特定语篇中的功能和语言组织、结构方面的知识以及书面语言功能。语言知识在本国语和外国语学习者之间有较大差异,这种差异还表现在英语学习者不同的个体之间。

2. 主题知识

知识的另外一个重要方面是关于写作主题的知识。熟悉的话题比陌生的更容易写。写作的主题知识还影响着作者对作品修改的质量。

3. 文体知识

文体是一种抽象的、社会公认的使用语言的规范。为达到特定交际目的,我们要根据表达需要使用不同的文体。不同的文体遵循不同的写作范式。学生应该知道社会公认的文体规范。例如,科技方面的文章与一般文学方面的文章在用词、句子结构方面就有较大的差异。

4. 读者的知识

学生需要了解阅读他们作品的读者的知识,或者至少能够想象到他们是什么样的人。读者知识是重要的。作者想要了解读者,需要知道读者对哪方面的话题感兴趣,他们对话题的态度以及他们所掌握的知识等等。为满足读者的期盼和背景需要,学生必须用与读者有关的知识选择内容、词汇和连贯的表达方法。这方面的技能是可以在实践中培养、提高的。

5. 任务图式

任务图式是在大脑长期记忆中存储的关于如何完成某一任务的特定信息,如任务的目标和完成任务的过程、顺序。高水平的学生能够在写作实践中对任务图式不断地丰富、完善。

6. 自我评价、管理的知识

自我评价是对自己知识、能力、情感的认知。自我管理包含对自己知识、认知、情感状态等方面的监控、管理。学生要运用已有的知识完成任务,并根据实践需要对所欠缺的知识进行补缺。

(二)影响写作的社会因素

影响写作能力提高的因素是多方面的,从认知的角度对影响写作能力提高的因素进行分析是积极、有效的,但不能概括一个优秀写作者的全貌。许多社会语言学家指出:写作不仅需要认知能力,而且需要特定写作场景的语境方面的知识。

认知主义认为写作是一个解决问题的任务，强调写作过程复杂、循环，具有个体本质差异，不依赖文化、社会的影响。然而，英语写作离不开特定的读者和场景，成为高水平英语写作者的过程也是成为语篇共同体成员的过程。学生应该了解针对不同读者、不同写作目的所采用的不同文体，例如，学术英语写作，不同的学科有自己的写作规范。每一种环境下的写作依赖于对完成特定的交际功能、不同参与者作用等因素的理解。因此，要提高英语写作能力，学生应该对自己所在语言环境的社会的、政治的、文化的因素进行深入了解。根据维果斯基的理论，学习产生于互动，尤其是与比自己水平高的人之间的互动。

高分组学生善于获取、使用更多特定的专门知识，他们拥有丰富的、特定的、语境化的专门知识，拥有完成不同写作任务的写作策略。通过不同的语言、不同的写作风格，我们可以表现出不同思维模式。不同文化写作的多样性并不会反映出思维方式的内在差异，这些差异性可以通过显性的（某些修辞方法可以直接教）、隐性的方式（通过大量的接触反映英语文化的英语原著、电影等）在教学中体现出来。总之，写作既是文化的活动，也是社会的活动。

（三）母语写作思想对英语写作的影响

多年来，大学英语写作受到汉语写作范式的影响，不少人认为汉语写作教学方法可以直接迁移到英语写作中。这样做的后果是忽视了特定的与英语相关的问题。英语写作教学实践证明：要想提高英语写作水平，首要的是提高英语水平。英语的熟练程度是制约英语写作能力提高的关键因素之一。没有丰富的、流畅的、自动化的词汇选择，写作技能是不可能从母语进行迁移的。因此，英语词汇、句法学习应该是大学英语写作教学优先考虑的因素。词汇的重要性怎么强调也不过分，这是因为学生的英语词汇量与母语相比要低得多。通过10多年的英语学习，学生的英语词汇量只在4000~5000个，而一个以英语为本国语的在校大学生词汇量一般在17000个左右。在英语日常会话中，经常出现的词汇、语法结构通常不是总能够在我们广泛使用的教学材料中见得到。因此，语料库能够为我们提供更多、更好的关于语言在真实语境中使用的信息，这些语言中的词汇、语法结构也是学生必须掌握的。

第二节　中西思维方式差异对大学生英语写作的影响

　　思维方式与文化心理二者是相互促进又相互制约的关系。导致文化差异的原因之一就是思维方式之间存在差异，这是因为思维方式是一个民族或是地域文化的缩影。从另外一方面来看，思维方式与语言之间也是具有十分密切的联系的。语言的生成和发展得益于思维方式，同时语言系统的不断发展可以带动思维方式的发展和成熟。最终我们可以归纳出，语言就是思维方式的构成要素，也是发展思维的一个重要工具。思维以一种方式表现出来，最终就会呈现在某种语言形式之中。由此看来，我们要深入研究语言的话，就脱离不开文化这一大环节。

　　《大学英语教学要求》中明确指出，我们可以从以下三个方面来发展学生的英语使用能力，分别为英语的交流能力、获取和处理信息的能力和思维能力。[①]其中，最为重要的两个方面就是使用英语交流和思维的能力。而在众多交流方式中，写作是一种采用书面形式来进行信息传递和情感交流的方式。由此，我们认为，写作不仅仅是将自己的思想以书面形式表达出来的过程，同时也是信息接收双方进行思想交流的过程，是作者与读者之间沟通的桥梁。作为一种重要的思想交流手段，写作在其中发挥了十分重要的作用，这也是在人们进行人际交流过程中不可或缺的一种手段。从某些方面来说，培养学生写作能力的过程其实就是培养他们思维方式的过程，就是培养他们用英语进行交流的一种能力，这是培养学生英语综合素质的一条重要途径。

　　对于高校非英语专业的学生而言，他们所生活和学习的环境都被母语所包围，除了正常的参加英语教学活动外，他们很少有机会再接触英语，自然也没有机会和空间运用英语，同时由于受到母语的影响，使得他们在英语学习上会遇到很多困难。从英语水平方面来看，这部分大学生群体普遍没有达到较高的英语水准，因为长期生活于母语环境之中，再加上平常使用英语的机会不多，他们对于英语写作的认知就是将自己脑中的中文思想向英文转化。在他们看来，英语写作其实就是语码转换的过程，这种写作方式对于他们来说也更加简便，如果用纯英语的思维去思考问题的话，这显然是十分困难的。虽然他们也为提升自己的写作水平

---

① 祁寿华. 西方写作理论与实践[M]. 上海：上海外语教育出版社，2001.

进行了不少努力，花费了相当多的时间和精力，但最终的结果却不尽如人意。毫无疑问的是，语言承载着思维，而思维又是语言的灵魂，因而在不同的文化背景下自然就会形成完全不同的书面语言（写作）风格。因为使用英语和汉语的民族有不同的风俗习惯、文化和语言使用方式，其实从语言习惯中就能够反映出他们的思维方式和特点，这也是本民族文化和心理倾向的一种体现。学生进行写作会受到母语的影响，这是必然的，他们无法抛弃自小就使用的思维模式和方法、习惯，因而往往都是按照汉语句子的模子写出英语句子，最终构成一篇文章。对于他们而言，文章所表达的内涵是关键，而对于外在表现形式并不是十分看重，最终表现出来的就是形式阻碍了思想内容的表达。[1] 由此，我们可以十分清楚地认识到，学生在写作中所遇到的问题不仅局限于语言知识和理论技巧，同时还受到文化和思维方式的差异所带来的影响。显然，从思维方式差异的角度来思考和深入研究学生在实际写作中所遇到的问题是一个很好的方向，这不仅可以为教师提供新的思路去思考写作教学，也可以帮助我们去积累实践经验，以减少和避免日后相关问题的再次出现，这对我们开展英语教学是十分有利的。

事实上，每一种语言（或文化）都具有自己独属的修辞和表现特征，而这种特殊性最终表现出来的就是人的思维方式。显然，英语文化与非英语文化在修辞手法、语言表现和思维方式上都存在着很大的差异，最终体现在学生的作文中，不仅仅只有语篇模式，还有一些其他方面的问题。通过对一些学生的作文进行深入研究，我们发现，多数学生对于语篇衔接词的使用都非常不熟练，在通常情况下还是会使用并列结构将不同命题连接起来，这反映出来的就是他们对于从属连词的使用存在缺陷，而出现这种现象的原因就是多数学生都是在汉语语境下去构思文章的，他们只是进行语码转换而已。

作者通过对某非英语专业学生提交上来的作文进行研究后发现：从简单句所占篇幅来看，它与英语为母语的人所写文章的占用比例差距不大，但是从简单句的使用来看，在句子长度上有所不同，如英语使用者在一个主语后会跟随多个动词作谓语。而汉语学生在写作方面存在的一些问题是：因为受到母语环境的影响较深，在文章中出现的句子之间缺乏连接过渡性词语，这就导致逗号连接句子、

---

[1] 祁寿华. 西方写作理论与实践 [M]. 上海：上海外语教育出版社，2001.

随意断句和变化主语等问题的产生，这就是中式英语的一种明显表现。由此看来，汉语思维是英语写作过程中将要面对的一大劲敌，它不仅影响最终结果而且影响整个英语写作过程。其实，之所以汉语思维会导致最终的英语文章表达含义和句法使用出现偏差，归根结底还是因为中西思维模式上的差异，而这也是造成语言差异的一个重要原因。因此，我们深刻意识到中西思维模式的差异对于中国大学生英语写作的影响，而要想探讨这两种语言的差异，自然离不开对于这两种思维方式差异的讨论。

一、中西思维模式差异

（一）整体性思维与分析性思维

从哲学角度来讲，这两种语言形式之间必然存在共性与个性之间的差异。自古以来，中国人就习惯于从整体来看待和把握事物本质，并以此为基础来解释这世间存在的一切事物和现象。在《周易》一书的理论中，这世间的所有事物、自然现象等都被统一纳入由阴阳组成的八卦系统和六十四卦系统之中，随后就提出了"易有太极，是生两仪，两仪生四象，四象生八卦"的整体观，这其实就是"天人合一"观念的一种表现，这也为后来中国人思维模式的发展奠定了理论基础。[①] 中国的整体性思维从春秋战国时期儒家的"自然人化"、道家的"人自然化"到两汉时期的宇宙论和佛教本体论，再到宋明理学体系的形式，无疑不是一种进步和发展。在整体性思维观念中，我们所生存的世界就是一个整体，而人、社会和自然被囊括到了这个体系之中，其中又细化成了许多其他部分，而我们要想搞清楚细部，就要先搞清整体。这是因为，整体性思维强调的就是事物各个部分之间的关联性和自然的和谐性，这一思维观念主张从整体把握事物本质，这显然与西方所倡导的分析性思维是有很大不同的。

分析性思维倡导，分析事物时要从细处着手，将一个整体分为若干部分，把复杂的事物简单化和细节化，通过对其中各个组成部分进行深入研究来了解整体事物的产生和发展规律，探究内部各个组成因素的联结关系，同时也为它们之间

---

① 王春晖. 英语课堂教学中东西方文化差异与跨文化非语言交际 [J]. 中小学外语教学，2001（07）：56.

的这种关系提供依据。分析性思维是有一套流程和程序的，一般是从已知来推导未知，就好像在验证几何分析题一样，最终得出符合逻辑的结论。而这也正是西方哲学的特征所在，甚至最终直接影响了西方文明理性主义和重知主义的发展。对于这些，我们可以从古希腊哲学的"分析时代"、康德的"先天综合判断"，再到20世纪的"分析时代"中窥探一二。

（二）辩证逻辑思维与形式逻辑思维

从中国自古流传下来的辩证思维来看，世界万物都是具有双重性的，既相互独立又相互影响。同时，辩证思维又十分重视对立双方的转化，擅于从辩证中求得统一，从统一中又把握对立，做到程度适中，以实现"中道"，最终达成和谐统一的目标。在中国传统文化中，辩证思维一直占据着十分重要的地位，它不看重外在事物形式和形象，强调对于事物变化状态的把握，重视事物内在的和谐、统一和矛盾状态。而著名古希腊学者亚里士多德开创了重视形式逻辑与演绎推理的三段论，以及古希腊数学家欧几里得所创建的平面几何体系都对人类思维的发展产生了深远影响，因此，逻辑性成为西方思维的一大特征。因为形式逻辑的存在，西方思维才能够保证最终结果的准确性，这种思维方式是以二值逻辑为基础的，只会产生真假这两个命题，也就是"非此即彼"，不会允许有更多形式的出现，这对于思想活动的严密性和准确性尤为看重。

二、中西思维模式差异对大学生英语写作的影响反应

（一）中西思维模式差异对用词的影响

1. 用词的虚与实

由上述可知，以英语为母语的民族思维更偏向于分析性和独特性，而以汉语为母语的民族思维更偏向于整体性和综合性。从语言方面来看，汉语更偏向于使用泛指，而英语更偏向于使用特指，在用词选择上会更加具体。举例来说，汉语中的"吃饭"可以指代一天中的任何一餐，而到了英语中，我们就需要明确具体的哪一餐，如吃早饭的表示方式是 have breakfast，吃晚餐的表示方式是 have supper 等。

2. 词性问题

在句子组合上，汉语并不存在词汇之间的排斥现象，也就是说汉语主要依靠语序和语义来进行组合，为句子书写提供了很大的自由度。而到了英语中，英语的每一个词汇的词性都是十分明确的，这是在进入句子之前就已经决定好了的，就算同为名词，也可以再具体分为可数和不可数名词；同为形容词，也可以分为表语性形容词和定语性形容词等。英语是世界上词汇量最大的语言之一，其丰富性在于它构词手段的多样性，一个词可以不通过形态上的任何变化，就转化为另一种词类。英汉两种语言的动词体系的差别是很大的，英语的助动词、情态动词、短语动词以及动词不定式、分词、动名词等各种功能使其建立起一套复杂细致的动词体系，用来表达时态、语态、语气的各种细微变化。此外，非谓语动词的各种形态也是英语的一大特色，汉语中没有相对应的结构。它们的使用频率非常高，表现内容十分丰富。

3. 词语搭配的问题

掌握一个英语单词不仅仅要求发音正确、会拼写、懂得词义，了解它与其他词的搭配关系。因为词汇不是孤立地使用的，人们在表达思想时，总是要把一个词放在词组、句子中，因此词语的搭配应该是英语学习的一个重要项目。由于文化背景的差异，在词语搭配方面，汉语和英语存在很大的不同，比如，一些中文词汇在不同的语境之中会有不同的英文表示方法，而其中有相当一部分是约定俗成的，也就是我们所说的"固定搭配"，如果在转化语言形式的时候任意妄为，最终就会犯错。正是因为如此，词语的搭配在我国学生的英语学习中一直是一道很难跨越的难关。例如，许多学生在想表达"学习知识"时，最终都会写成 learn knowledge，这种表述方式在英语中是错误的，正确的表述方式应当是 acquire knowledge，同时，在英语中经常与 knowledge 搭配的动词还有 acquire、obtain、develop 等。若用英语表达"取得成功"这一概念，可以用 achieve/attain/gain/make/obtain 等多个词语搭配。"浓咖啡"在英语中为 strong coffee，"淡咖啡"英语中有 weak coffee 的搭配。但是说明汤的"浓稠"或者"稀薄"时，却只能用 thick 或者 thin。英美人用 dense smoke 这种搭配表达"浓烟"。由此固定搭配决定我们的表达是否正确、规范。有学者在深入调查研究语料库中有关引述动词的内容时发现，大部分中国学生并不重视对引述动词的运用，这使得最终呈现出的引述结构都十分单一，对于引述来源也没有标明；而美国学生显然对于"引述"更加重视，他们使用的引述结构变化多样，引述来源也十分清晰。通过研究发现，中国学生在使用诸如 think、believe 这些动词时的概率要远远大于美国学生，而美国学生更擅于使用诸如 show、discover 等这类研究动词。

4. 词的联想意义问题

所谓词，其实就是现实生活中的客观事物在人脑中留下的印象或概念。显然，因为思维方式的不同，来自不同文化背景的人对于同一事物可能会留下不同的印象和不同方向的联想，这就导致两种语言在表达方式上存在差异。在汉语中，以狗为比喻体的词常含有贬义，如狼心狗肺、狗腿子、狗眼看人低等。而在英语中，狗则附有不同的文化特征。英美人喜欢养狗，他们常以狗自称或互称，把它视为人之良友，而不带任何不敬的含义，这一点与汉语有很大不同。又如，在中国传统文化中"龙"一直是帝王的象征，在人们心中的地位是至高无上的，往往能使人联想起光明和美好的事情，因此也就出现了"真龙天子"和"龙袍"等一系列词语，还有诸多由"龙"组成的词语，如"望子成龙""龙腾虎跃""龙盘虎踞""龙马精神"等，这些词语给人们带来的印象都是十分光明、美好和积极向上的；但是在西方人眼中，"龙"就变成了一条口中喷火、身形体长、带有双翼的巨大蜥蜴，是邪恶的象征。除此之外，在中国人所写的文章中，我们经常能够看到"东风吹绿大地"这样的叙述，就是春天就要到来的一种象征，中国人对于"东风"一词十分偏爱；但在西方人眼中，尤其是在英国人眼中，他们会从理想层面思考：东风往往是从欧洲大陆的北部吹来的，带来的是寒冷，会经常使人感到不愉快，因而英国人更加偏爱"西风"，认为其能为他们带来好运与生机。同时，还有一些地域方面的原因，会导致他们对统一事物产生不同认知。例如，在中国文化中，"耕牛"一直就是勤劳的象征，所谓"老黄牛精神"指代的就是勤勤恳恳工作的人，中国人对于"牛"这种动物都是大加赞赏的；但是英国人多数是使用马来耕地，牛很少下地干活，因此也认为其是懒惰的。

5. 英汉词汇使用上的差异

在英语、汉语这两种语言中，使用者使用名词、动词或介词的频率都各有不同。英语语言本身所具有的名词化倾向，使得其成为一种以静态为主的语言形式，从而发挥出介词在写作中的优势，最终给人以抽象的印象；在汉语中，使用较多的是动词，也正因如此，汉语语句才显得更为具体。在现代汉语语法中，有一个十分特殊的动词用法，就是"动词连用"，意思就是在一个句子中可以按照顺序排列同时出现多个动词；而在英语语法中，一般一个句子只能有一个动词，其他的动词则应当以从句或非谓语动词的形式出现。举例来说，英文句子"Xu Beihong's drawings of horses are exceptionally good."翻译成中文即为"徐悲鸿画马，画得特别好。"由此可以看出汉语擅于用动词，而英语擅于用名词，尤其是在表现抽象的动作概念时更是如此。往往在汉语中使用动词的地方，到了英语中就变成了名词，有时甚至会用一个名词词组来压缩一个句子，这就是英语"动词名词化"的表现。再举例来说，在表示一本书很难读懂时，学生通常会写成"This book is too difficult for me to understand it."他们极少会用介词词组来表达，这样就可以写成"The book is totally beyond/above me."

在用词方式上，英语更加倾向于使用整体词汇来表现同种类型的具体事物，用词十分具体；而在汉语中，则会常常出现用以表现整体概念的词汇，用词比较模糊。例如，在汉语中"笑"可以表示成多种概念词，如哄堂大笑、嘿嘿地笑等；但在英语中，"笑"是很难用某个特定词汇来表示的，一般只会使用"giggle, chuckle, guffaw"等概念词。大多数大学生受到母语的影响较深，因而他们会选择利用"动词+副词（ly）"的方式来表达，如"走得很快"可以译为"walk quickly"，而"跑得很快"则可以译为"run quickly"，但其实在英语中我们可以使用很多不同的词汇来表示"走"这个动作，如stroll、trudge、plod等。显然，英语词汇搭配是我国学生在学习英语时遇到的众多棘手问题之一，如果忽略英汉两种语言本身的差异，就很容易出现错误。

（二）英汉语言在句法上的差异

其实，英语和汉语这两种语言表现在单句和句群内部上最为明显的区别是：汉语属于意合语言，而英语属于形和语言。所谓形和语言，就是更为重视句子和词汇外表上的东西，如时态变化、词形变化等，比较看重逻辑语法连接词的使用，这样可以表示清楚句子内部之间，或是段落之间的关系。而所谓意合语言，主要就是采用词序变化和联系上下文语境的方式来阐明所要表示的含义。例如，汉语中"你来，我就走"一句，在英文汇总可以译为"If you come, I will go"。显然，汉语中是很少使用逻辑连接词的，只要将这句话放在不同的语境之中，读者自然可以清楚句子所要表达的确切含义。英语本身是十分注重"形和"的，因此，英语句子的书写都是采用先搭建骨架、再一层层累积向外拓展的方式书写的，这就是由著名语言学家王寅提出的"葡萄型"英语语法结构。从句子结构的层面来说，英语都是采用由里及外的书写方式，而汉语则是多使用"推移"的方式书写，依靠语义将句子中的各个部分连接起来，显然这两种句子书写方式是完全相反的。总而言之，英语句子都是将主谓结构作为主干，而其他组成部分按照主次最终呈现出空间架构形式。正相反，汉语句子的书写方法是按照时间先后顺序和逻辑进行推理，最终形成"流水句"，是将动词作为整个句子的核心的。除此之外，英语句子还有一个突出特点——"后重"，即它所表达的含义就是在英语句子中总是倾向于将关键信息放在末尾。在英语概念中，句子所要传达的信息可大致概括为两种，分别为已知信息和新信息。其中，已知信息指的是作者假定读者已经清楚知道和了解这部分内容，而新信息自然指的是读者全然不知的那部分内容，显然新信息在句子中所占据的位置是更加重要的，因而要将其放在末尾，以达到突出和强调的作用。由此，为了体现出英语句子的这种特色，我们通常在写句子时会遵循"短句在前，长句在后"的原则。

（三）英汉语言在语篇结构上的差异

东西方语言具有不同的思维方式：汉语使用者的思维方式是螺旋形（spirality）的，而操英语的人的思维方式是直线形（linearization）的。思维方式不同，使文章重点信息的布局各异，这就影响了信息的传递。欧美民族重直线思维，习惯把重要的信息放在前面先说出来，而汉民族习惯于从侧面说，阐述外围的环境，最后点出话语的信息中心。亚洲人在谈话时一般延迟话题的介绍，采用一种"亚洲归纳"式思维模式，而西方人一般在谈话开始就引出话题，采用的是"演绎模式"，英语段落的发展是趋向于直线性、推理性的；而在一些东方语言中，段落组织的发展却可称为在不停地兜圈子，即从多侧面迂回表达而不直接写明。由此，在用英语写作时，有些中国学生使用汉语的段落发展方法，却不知道这种结构很难被以英语为母语的读者所认可，这样的英语作文很可能被认为文理不通、缺乏连贯。在表达思想时，英语民族的思维更直截了当，他们习惯把要点放在前面说出，然后把次要的信息一一补进。例如：英汉两个不同民族学生同时向美国某大学写一封申请奖学金的书信，操英语本国语的学生喜欢单刀直入，在开头段便说："I would like to apply for a university scholarship"，而中国学生大多喜欢将这句话放在中间或最后点出。再比如，在表达"看电视的坏处"时，许多学生的首段大都不写电视带来的坏处，而是先用一个段落陈述电视的好处以及它给人们带来的种种实惠，绕了个圈子后，再回到题目上来指出其缺点；而英文的写作规范是开门见山，直接点题。西方思维强调个人意见的表达，英文写作要求观点鲜明、符合逻辑、首尾统一。一个段落、篇章，开头以主题句点明主题，其后内容按直线展开，层层深入，辅助句紧扣中心思想。段落的线性发展围绕主题展开，先陈述中心意思，后分点论证说明，使主题句的内容展开，并为后面的内容做好铺垫。英语的段落是文章的缩影，无论哪一种体裁的文章，每一段落都包含了一篇文章所包含的全部要件：第一，首句或尾句点明主题，这是英美读者所期待的交流方式；第二，将该主题细分成一系列小论点；第三，用具体例子和阐述支持各个小论点；第四，发展中心论点，并把该论点与其他论点联系起来；第五，运用该中心论点与其他论点的关系，对事物进行说明，得出结论或引出新论点。而汉语由于受到思维模式的限制，反映在语言上，习惯于绕圈子，常常先避开主题，从宽泛的时间和空间入手，从整体到局部，从大到小，由远及近；往往把主要内容或关键问题保留到最后或含而不露。这种从次要到主要、从相关信息到中心话题的话语组织模式是逐步达到高潮的渐进式模式；再就是不论词句还是篇章，形态标志都不明显，语句之间靠一种隐藏的、内在的句法或逻辑关系来相互衔接，注重意义上的连贯，表现在写作上是作者结尾结论化倾向，即由作者出面给出结论，它是语篇结束的标志。仍以"看电视的坏处"为例，不少学生在结尾发出了"让我们充分利用电视的好处，克服看电视带来的坏处"的呼吁，符合汉语"合"的模式。英语民族强调"物我分离"，其思维强调客观、公正，写作追求最大限度的客观性，力求使读者确信作者并未掺杂个人观点为目标。他们往往摆出大量的事实数据，让作者得出自己的结论，其文章往往呈现出无结论化倾向。

（四）中西思维模式差异对篇章的影响

众所周知，一篇文章最终呈现出的结构如何，最为关键的影响因素就是思维模式。中西方在思维模式上的差异较大，因而在语篇组织结构方面也会表现出很大的差异。英语语篇的结构往往呈直线形，而汉语语篇的结构则呈螺旋形。从总体上来说，汉语语篇结构的主要模式通常由"起""承""转""合"四个部分组成；英语语篇结构的主要模式一般都由三个部分组成：开头、主体和结尾。与正文比较，引文和结束语都比较短，但是它们在文章中起着非常重要的作用。为使文章在一开始就能够吸引读者的注意、引起读者的兴趣，为使文章的结尾能给读者留下一个深刻的印象，作者们都要想办法在引言和结束语上下功夫。下面就汉英语篇结构之异同进行对比。

1. 篇章的开头

受整体思维的影响，汉语语篇的结构往往呈螺旋形，在篇章开头的具体表现是：中国人在写作时，一般不开门见山地接触主题，正像人们日常说话中不直截了当说明来意一样，立题的切入点比较宏观。文章的开头往往较多地从宽泛的时空入手，从整体到局部，从大到小，由远及近。东方人由于偏重于分析式思维，思考问题往往习惯于从局部到整体，由小到大。所以在写作过程中，立题的切入点则是先从局部入手。另外，英语语篇的一个突出特点就是作者先要旗帜鲜明地提出自己的观点、想法，即开门见山，点破主题，以此吸引听者和读者的注意力，文章的开始起到一种指向的作用。引言是文章的开头部分，在较短的文章中，引言可能就是一句话，稍长的文章中可能是一个段落。引言引领全篇的内容，对作者和读者都非常重要。对于作者来说，一个好的引言可以表达文章的中心思想，能够使作者紧扣主题并使文章结构严谨；对于读者来说，一个好的引言可使他紧紧地把握作者的思路，对全篇内容有一个概括的了解。

2. 篇章的发展

汉语螺旋形的语篇结构在篇章发展中的具体反映就是以一种反复而又发展的

螺旋形形式把主题思想加以展开。作者不是直接论证段落主题，而是在主题外围"团团转"，从各种间接角度来说明问题，前述的内容可能会在后面以各种方式重新提及，并进行更进一步的剖析，从而达到进一步烘托主题思想的目的。因此，汉语的每一个段落中往往缺乏一个明确的主题句，作者通常不直接言明其观点，只是用句子构造出观点或意象，为读者提供理解或领悟的材料；所表达的思想时常是一种意识流，行文如同流水，自然流动，丝毫不像英语文章那样受一定格式的束缚。文章的主题往往是靠读者自己总结或领悟出来。句与句、段与段之间也缺少一些显性的逻辑连接手段，跳跃式的思维致使中文的段落、篇章显得结构松散，逻辑联系不很明显。中国传统思维强调"天人合一"，对客观事物的认识往往是从主体出发，自身内心体验是一切认识的出发点，而不是从客体的本身去反映客体。因而，中国人喜欢带着感情色彩看问题，在对客观事物的阐释上主观色彩浓厚。这种思维倾向，使得学生在英语写作中注重对事件之外进行描写，过分描述自己的感受与体验，而缺乏严密的逻辑推理和充分的论据来支持自己的观点。作者或是大量地引经据典，以"权威"之论为依据，以种种方式不断重复同一命题；或是"开篇说明——历史回顾——现状解释——道德鞭策"，这种论述方式只有论断而无论据，不是用逻辑推理论证个人观点，而是用大量的文学典故、比喻性语言，包括许多由汉语译成英语的习语套话，这种使用汉语的思维方式而写出的"中国式"的英语作文，往往无法被以英语为母语的西方读者所理解。因此，中国学生英语作文典型的通病是主观断言性太强，缺乏相应的客观证据与必要的逻辑推理。此外，辩证思维使得中国人对事物、现象、观点等的态度也是一分为二，对于一个问题，典型的中国论断是：甲是正确的，而乙也不错，讲究协调公正，不会像西方人那样下"非此即彼"的结论，对任何人、任何事有着鲜明的个人观点和态度。以上这些语篇特点充分反映了中国人的思维模式。正如马秉义所说："汉语行文是曲线运动，所以文以曲为贵，曲径通幽，曲折多了，才能把矛盾的各个方面都展示出来，分析全面，说理透彻"。[①] 因而汉语的段落是文章的一个组成部分，是整个链条上的环节，而不像英语段落那样是文章的缩影。西方人更偏向于逻辑、分析、抽象的思维模式，反映在篇章结构上，英语的语篇呈直线形，

---

① 连淑能. 论中西思维方式[J]. 外语与外语教学，2002（2）：67.

内容多围绕一根主线展开。在篇章的发展过程中，其主体往往是由若干段落组成，而每一段落只有一个与主题相关的要点，即段落的主题句开头，使读者明了每个段落的要点，段中各支持句紧紧围绕主题，层层展开论证或支持主题句，最后总结出一个符合逻辑推理的结论句。因此，英语段落的篇章结构的特点是：首先。它强调段落必须是一个完整的统一体。其次，表达的思想必须做到与语义直接相关；同时，段落语句、语义必须用一定连接手段按照一定的顺序，合乎逻辑地连接起来，形成一个直线流动的实体。由此看出，英语语篇的线性结构体现为一根主线贯穿全篇，而每一段落又有各自相应的发展主线。这种重组织、重形式、重理性和层次感强的直线式语篇模式是英美人思维模式的自然体现。另外，西方人在思维模式上有一种重理性、重分析、重形式完备的鲜明特征。体现在语篇上则是：在段落展开过程中，注重对抽象概念的分析和明确的定义，语篇之中常罗列大量的事实、数据，并以事实和数据为依据展开，让事实自己说话，并按形式逻辑直线推理，用以证明其概念的精确性。最后，由于西方人主张主客对立，他们习惯把统一的世界分成两个截然不同的世界，而且注重内在的差别和对立，并进行"非此即彼"式的推理判断。因此，他们对于问题的态度往往是：要么 yes，要么 no，一清二楚。

3. 篇章的结尾

汉英语篇的结尾也存在着显著的差异。汉语语篇的"合"一般是对主题的进一步展开，起到对主题思想画龙点睛的作用，往往是语篇的高潮。但有时主题思想也含而不露，全在个人领悟。体现在学生的作文中就是文章的结尾要么主观性较强，很多学生偏好口号式、语录式的结尾形式，读者往往不是根据事实得出结论，而是作者给出结论；要么作者是含而不露、引而不发，把主题思想以问题的形式抛给读者，让读者去体会作者的言下之意。英语语篇结尾常常会总结主体段落的要点，回应文章中的主题和支配思想，以便给读者留下关于主题的最后印象。因此，英语语篇结尾的常见形式为：以概括要点的形式定局，以重述主题的形式再次点题或二者结合。

在结尾段中，作者总结了全文的要点，又对讨论的问题作出了个人的结论，这样就使读者对文章有一个非常清晰的总体把握。在文章的结束语中，作者常常用非常精炼的语言对自己的观点进行归纳，或对一个问题发表看法，或者作出自己的结论，或者对一个故事的意义进行提炼。

在高校大学英语写作教学中，除了语言知识内容的教学之外，还应注意两种语言的不同思维方式，并加强思维训练。思维决定和支配着语言，许多语言现象的探究必须从思维和语言的关系入手。一方面要求英语教师必须熟悉英语词汇的内涵和外延，包括其文化意义。在进行英语词汇教学时，要着重进行英汉词汇差异的对比讲解，帮助学生掌握好英语的语义、用法，使学生逐渐适应英语思维习惯和语言习惯。另外一方面就是要提高英语教师对西方思维特点的认识，对他们进行思维方式的训练，提高他们在写作中自觉运用西方思维方式的意识，并引导学生的学习策略，既要让学生通过大量接触英语范文增强英语语感，增加隐性知识，又要让他们摆脱机械模仿的习惯，提高语言思维的精确性、用词的具体性、句型结构的多样性等方面的语言能力，排除母语语言习惯对英文写作的干扰，尤其要避免学生直接把汉语语言模式移植进英文中，写出一些语言形式是英文而表达模式仍旧是汉语的作文。

第二章　大学英语写作分析

外语学习实践证明，写作能力的提高是一个长期的、动态的发展过程。本章内容为大学英语写作分析，分别论述了大学英语写作的内容分析、大学英语写作的过程分析以及大学英语写作的评价分析。

第一节　大学英语写作的内容分析

一、描写文（Description）

（一）定义及特点

描写就是指用生动、形象的语言将人物、事物、景物等的特征和性质活灵活现地刻画或描绘出来，使读者如见其人、如闻其声、如临其境。关于描写文的定义很多，但概括起来在本质上都是相同或相近的。比如，描写文是用生动形象的语言，精细入微地描绘人物的状态、动作或景物的性质、特征的一种文体。描写文可以通过栩栩如生的细节描绘，烘托一种特殊氛围和情绪，使读者对所描绘的人物、景物形成形象的认识，并产生对作者心理的认同感。描写文和说明文的最大不同处在于描写文具有感情色彩，能反映出作者的情感反应，具有艺术感染力。

描写文就是作者用文字给一个人、一个地方、一件事物或是一个场面画一幅画。它告诉读者一个人或一件事物如何吸引人们的感觉器官，也就是具体地描写它的外表如何，它听起来、闻起来、尝起来或摸上去的感觉怎么样，使读者对描写的东西能获得如见其形、如闻其声、如尝其味、如触其身、如临其境的真实感。

描写文指的是将客观事物进行主观描述和艺术加工之后，用语言文字表达出来的文章。读者通过阅读文章细腻的文字，能够如身临其境般地在脑海中再现出作者所描绘的物体、人或者景色。描写文的语言具体、生动且富有创造力，在写描写文时一定要注意写作的顺序，即文章的描写要遵循一定的顺序，如空间顺序、时间顺序等，否则就失去了其真实性。此外，描写文的文字要围绕主题展开，不能偏离主题。

描写文常用的描写方式有动作描写、场景描写、心理描写等，通过不同的描写方式，作者将所经历的事件、主要人物和当时周围的环境活灵活现地刻画出来。描写常常与记叙的表现形式相结合，能够使文章更加吸引读者。

总之，描写文的主要表现特点就是生动形象，能够通过多种不同的具体行文方式和艺术创作方式将景或物的细节表现出来，让读者产生身临其境的感觉，并可以真实地了解作者所描绘的主体。

（二）描写文的分类

1. 客观描写

要以客观事实为依据，不能渗入作者的主观情感和喜好。要准确记录作者的所见所闻，使读者能够从作者的角度获得准确真实的信息。比方说，假设你的录音卡座被盗了，那么警察就会要求你对此物品进行描述，包括它的品牌、序列号、型号、颜色、大小、形状以及其他类似划痕之类的区别性特征。在这种情况下，诸如录音卡座安装在车内是很漂亮的装饰品，并且播放的声音品质极高等这类的主观描写只是说出了自己的主观感受，没有提及客观事物本身的特征，很明显是不合时宜的。下面我们看一段纯客观描写：

The two-acre site for my proposed log cabin is on the northern shore of Moose head lake, roughly 1,000 feet east of the Seboomook Point camping area. It is marked by a granite ledge, thirty feet long and fifteen feet high. The ledge faces due south and slopes gradually east. A rock shoal along the westerly frontage extends about thirty feet from the shoreline. On the easterly end of the frontage is a landing area on a small gravel beach immediately to the right of the ledge. Lot boundaries are marked by yellow stakes a few feet from the shoreline. Lot numbers are carved on yellow-marked trees adjacent to the yellow stakes.

这段客观描写主要回答了这样几个问题：

What is it？

What does it look like？

How could I recognize it？

2. 主观描写

主观描写可以被定义为对客观细节加入人的主观印象和感觉的一种描写。

One of my own favorite approaches to a rocky seacoast is by a rough path through an evergreen forest that has its own peculiar enchantment. It is usually an early morning tide that takes me along the forest path, so that the light is still pale and the fog drifts in from the sea beyond. It is almost a ghost forest, for among the living spruce and balsam are many dead trees - some still erect, some sagging earthward, some lying on the floor of the forest. All the tree, the living and the dead, are clothed with green and silver crusts of lichens. Tufts of the bearded lichen or old man's beard hang from the branches like bits of sea mist tangled there. Green woodland mosses and a yielding carpet of reindeer moss cover the ground. In the quiet of that place even the voice of the surf is reduced to a whispered echo and the sounds of the forest are but the ghost the faint sighing of evergreen needles in the moving air ; the creaks and heavier groans of half-fallen trees resting against their neighbors and rubbing bark against bark ; the light rattling fall of a dead branch broken under the feet of a squirrel and sent bouncing and ricocheting earth ward.

——Rachel L. Carson

这段文字整合使用了主客观描写，主要回答了如下几个问题：

客观上：

What is it？

What does it look like？ What is it made of？

主观上：

What is your impression of it？

How does it make you feel ?

任何描写文都要根据具体的修辞环境,尤其是写作目的,来确定采用何种描写。通常情况下都是主客观描写结合运用,这样可以起到图文并茂的生动效果。

(三)描写的原则

要根据作者的目的和读者的需要选择描写的细节。我们在使用"头脑风暴"策略时所搜寻的信息要远远大于所要使用的信息,所以要有所选择。客观细节描写要能准确清楚地反映客观事实;主观描写要与实际相结合使人印象深刻;细节描写要有清晰的顺序。一般来说,可以按照空间顺序和从一般到具体的顺序进行描写,也可以将印象深刻的程度作为中心线索来安排顺序。

写刻画人和动物的描写文时,要抓住特征,即先要弄清楚从哪些方面描述,要精心挑选那些区别性的显著特征和品质,不必面面俱到。在描写动物时,应对它最特别的地方详加描述,例如,写牧羊犬时,应突出它尖长的嘴巴、美丽的毛发、忠诚的性格等。虽然动物的心理和言语无法写出,但仍须注意动物的行动、形态和表情的描写,以突出它的特长、嗜好和性格,这些可透过具体的事例来反映。在描述时,用词应准确、具体,适当的想象力和修辞的运用,也有助于读者对动物形象的了解。例如:"小猫那白色的毛,像一团雪,用手抚摸时,你会感到阵阵柔软,像丝棉被那样顺滑。"如果只用泛泛之词如"美丽"、"柔软",便会显得平淡、不够具体。

写场景的描写文时,要注意:第一,确定哪些最重要的,哪些是不重要的;第二,哪些是需要详述和强调的;第三,从什么角度来描写场景;第四,依照什么顺序来描写,可以按从左到右或从上到下的顺序来描写场面(空间顺序),或者按从最不重要的到最重要的顺序来安排(高潮顺序);第五,需要决定是仅用作者所看到的来描写,还是要调用其他如听到的、闻到的、尝到的和感觉到的经验来描写。也就是说,作者要尽最大努力把自己经历过的场景准确地传达给读者,尽力让读者通过文字能够感同身受。

写传达信息的描写文时,最重要的是一定要借助足够的详细材料,把事情写清楚,并且要按一定的次序把细节安排好,以便读者容易明白所传达的信息。

写表达感情或印象的描写文时，为达到清晰和生动的目的，要使用重要的细节，使读者能真切感受到颜色、声音、气味以及被描写事物的内部神态等。

值得一提的是，写描写文时要注意表现手法要多样，切忌平铺直叙、缺乏变化，令人读起来味如嚼蜡；也应注意抓住有代表性的细节精心选材，详略得当，尽可能在较小的篇幅中给读者留下深刻的印象。

（四）描写的方法

描写是作者行文最常用也是最基础的手法之一，它能够将作者所经历的事、所见过的人或物、所欣赏过的美景的细节和灵魂刻画出来，生动且形象地表现出作者所描绘的主体。而在行文过程中，描写和叙述相结合也是作者常用的创作方式。描写文创作的具体形式有以下几种：

1. 设喻描写

设喻描写，即运用比喻等修辞手法对事物进行描绘。比喻是将所描绘的事物比作另一种或者一类事物的方式，让读者更加清晰、明朗地感受事物的特点，让读者在阅读过程中更加全身心投入。设喻描写的优势是能够从细节处将事物的特点展现出来，让读者对事物的感知更加具体。

2. 白描

白描，即不加修饰，用最直白、最简洁的文字反映事物的写作手法。白描的特点是虽然文字简洁，但穷形尽相，少了艺术的渲染；白描能给读者新奇的阅读体验，且毫不缺少对事物的清晰描绘。

3. 烘托

烘托，即通过描绘另一种事物，然后与描绘主体进行对比，从而让读者更能了解所写事物的写作方式。通常在描绘抽象、少见，且很难用常见事物来比喻的事物时使用这种描写方式。通过烘托的描写方式，作者能够将那些难以形容的抽象事物描绘出来，让读者准确了解这些事物。

4. 动态描写

动态描写，即将静止的事物用动态的方式进行描绘的写作方式。例如，山水美景多为静物，静则无神，无神则难以动人心怀。只有赋予静止的事物以灵魂，让它动起来，才能吸引读者的注意力，让读者感受静止事物的美与灵魂。

5. 静态描写

静态描写，指对人或物进行平面、真实的叙述，虽然缺少趣味，却更贴近其真实形态，更能让读者抓住其特征。

6. 肖像描写

肖像描写是用于人类外形特征描写的写作方式。肖像描写包括人类面部特征、身材特征、服饰特征、动作特征等的描写。优秀的文章往往能通过对人的肖像描写表现出人物的性格特征、情绪特征、生活经历以及人物性格等特点。可见，肖像描写是人物刻画不可或缺的部分。

（五）描写的对象

描写的客体即描写的对象，描写的对象一般是人或事物。描写对象在一定程度上决定了描写的方式，不同的描写对象所能使用的描写方式的多样性也有所区别。以描写对象的种类为区分，描写可分为人物描写、场景描写、地点描写、物体描写几种方式。

1. 人物描写

人物描写是人物刻画的基础，也是人物刻画最基本的方式。在写作时，为了更加生动地刻画人物形象，少不了对其外貌、动作、语言等细节的描写。常用的人物描写方式有以下几种：一是外貌描写。外貌描写就是上文所说的肖像描写，是对人物外貌形象特征进行描述的写作方式。在进行外貌描写时，作者常会将个人的喜恶和情感偏向掺杂进去。通过对人物的外貌描写，作者能在读者脑海中刻画出人物的基本形象。但在外貌描写时应当尽量客观公正，要注意外貌并不能体现人物的内心和灵魂，外貌丑陋也并不代表人不够优秀。优秀的作品有时更会刻意强化外貌与性格的冲突，给读者带来冲击和反思。二是动作描写。动作描写即是行动描写。在进行人物动作描写时，作者应当注意对描述对象的筛选，选择典型的、具有代表性的动作，这更利于刻画人物形象。一般情况下，人物动作要能表现人物当时的情绪和人物的性格。也就是说，描写人物的动作其实有很强的目的性。三是语言描写。语言描写着重表现人物的话语，既包括对话也包括独白。

语言描写既能表现人物的性格，也能表现人物的心理活动。四是心理描写。心理描写是人物刻画的重点之一。对人物心理活动的描写能够表现人物的性格、思想道德，对人物内心世界的刻画能够丰富人物的形象，使人物塑造更加立体化、真实化。要想成功描写人物的心理，就必须遵循以下三个原则：首先，心理活动描写不能刻意，应着重刻画人物在特定环境下必然产生的心理活动；其次，心理刻画要准确、精简、完整、集中，过于散乱的心理描写不仅无法起到刻画人物的作用，还会破坏文章整体结构；最后，心理活动刻画要注重人物心理的变化过程与细节，这样才更有可读性。

2. 场景描写

场景描写是对某个特定生活环境或自然环境的刻画。在描写场景时，作者要做到全方位、多角度、重细节的描写，让读者能通过阅读文字观察、体验所描绘的场景。描写场景时作者要重视当时的所见、所闻、所感，并通过不同的描写方式和修辞手法，运用简洁清晰的语言再现当时的场景，给读者以身临其境的感受。场景描写要重视条理，也要重视突出重点，重点描写场景的特点、表现其形象，将真实环境与自己的感受相结合，这样才能将想要表达的思想和情感清晰地传递给读者。那么，怎样进行场景描写呢？我们需要了解一些场景描写的原则：首先，要用描写的方法来刻画场景而不能用叙述或说明的手段来述说场景；其次，场景描写要以现实中的"特定场景"和中外文学作品中的"经典界面"为取材原则；再次，场景描写要完整、有画面感，更重要的是要用富有诗意的笔触来描绘，做到诗画结合；最后，场景描写要细腻、有层次，要做到动静结合、虚实结合、点面结合。通过对场景描写原则的理解，我们可以明确如何进行场景描写：第一，阅读精彩的场景描写，领悟语言文字的魅力，并在品读、感受、欣赏的过程中，探讨写作方法，提炼表达技巧。第二，观察是写场景的前提，只有会用眼观察，才能捕捉住场景特点，才能发现场景中最打动人心的一幕，才能有话可写。在观察、实践中切实运用总结出来的方法、技巧，才能真正掌握写作技巧，而且这些场面是我们学习、生活中熟悉的甚至是亲身经历的，易于激发兴趣，让我们变得积极主动。第三，经过前两个环节之后，我们已经有法可循，有话可说。在这一过程中，我们可以学会自主写作、自由表达，对文章进行补充修改，以提高写作质量。

3. 地点描写

地点描写是对事情发生的地点或者人物所在地点的准确描写。地点描写也包含对地点周围环境的描写，能让读者产生身处其中的真实感觉。事件的发展以及人物的活动必然有特定的地点，因此作品中少不了对地点的描写。作者在进行地点描写时一定要重视对当时自然环境和社会环境的描写，否则文章会缺少事件展开的基础和逻辑。学生在进行地点描写练习时可以先从描写一个熟悉的小地方开始，如寝室，要重视锻炼自己对地点环境的再现能力和对地点整体特征的把握能力，然后逐渐过渡到对学校、城市、国家这样大范围的地点的描述。

描写地点时应给读者一种可感可触、如在其中的感觉，这就要求作者对描写对象进行细致的观察并提炼出其特征，然后用生动纯熟的语言对其进行描绘，用简练的语言传递足够详细的信息，提高语言的凝练度和感染力。地点描写有两种不同的行文方式：第一，由整体到局部的描写方式。在具体写作时，作者首先对地点的整体环境进行描述，然后选取最突出的几个点进行着重描写。这种写作方式能引导读者跟随作者的脚步逐步认识地点，并对地点形成深刻印象。例如，当学生描写教室时，首先告诉读者这是怎样的一间教室。这一句就是本段内容的主旨。如学生先写 My classroom is very clean and tidy. 然后就可以从窗户、课桌、地面等方面描述这教室是如何 clean 和 tidy 的。第二，由细节到整体的描述方式。与上述方式相反，这种方式需要作者先对地点的某部分特征进行描述，然后再过渡到对整体的描写。这种写作方式能提高读者的真实感，使读者的思维跟随作者。具体而言就是作者要先对地点进行细致观察，找出特别引人注意的方面进行描写，然后通过观察的点总结出对地点整体的印象和感觉。这种写作方式往往将主旨句放在叙述的最后。在对地点局部特征进行描写时，作者往往会在叙述之后加入自己的感情，融情于物。地点描写必然遵从一定的空间顺序，否则就会让读者陷入迷茫，抓不到重点。准确的地点描写是后续文章的支撑，如果作者所描绘的环境事物空间混乱，就难以让读者形成准确的认知，进而影响读者对后续文章的阅读理解。

4. 物体描写

一篇文章的写作包含对人物、事物、场景、环境等的描写，对于无生命物体的描写也叫作"状物"。状物是对物体的细致描摹，就像写生绘画一般将物体的细节特征展现出来。状物的基本要求是以形写神、形神兼备，要求作者能够通过语言描述将物体的整体形象和细节特征描绘出来，让读者能够形成鲜明的印象。状物也应遵循一定的观察顺序，对同一物体也往往存在不同顺序的描写，而状物的顺序应当服务于作者的表达目的，同时也不能违反对物体的客观观察规律。一般而言，作者在描写物体时是按照通常的观察顺序进行的，如空间顺序、分整顺序、特征顺序、结构顺序等。叙述服务于表达内容，要求作者在安排描写顺序时能够与写作主体相呼应，进而表现出物体的意义。通过对物体的描写表达作者的思想精神、突出文章的写作主题、借物抒情是文章写作所需达到的水平。

二、记叙文（Narration）

（一）定义及特点

1. 定义

记叙文（Narration）也称叙述文，是指讲述一件事情或者一系列事情，是各类记叙性文体的统称。从广义上来说，按照一定的逻辑或者时间顺序叙述真实或者虚构的故事、历史、自传、新闻等都属于记叙文之列。记叙文以记人叙事为主要内容，以叙述为主要表达方式，可以反映丰富多彩的现实生活。

2. 记叙文的主要特点

（1）叙述事件的特殊性

记叙文的范围很广，绝大多数人并不是非常著名的人士，也没有惊天动地的经历，但是对于每个人来说，在人生的道路上一定会发生很多令人刻骨铭心，以及令人感动和值得回忆的事情。这些事情可能发生在别人身上，也可能发生在自己身上，那么如何去令读者能够切身体会到当时的情景和发生的事件，这是记叙文的主要任务。这并非要求作者绞尽脑汁去搜寻那些极为轰动的事件，甚至是非要涉及"死亡"话题，以此来感动人心。事实上，只要所叙述的事件对于当事人、作者或者是读者有意义，哪怕是"自己小时候学会了穿衣服"这样的小事，通过恰当的叙述也是具有特殊性的。例如，下面一段例文（节选自《安徒生童话丑小鸭》）：

Early in the morning, a peasant came along and saw him, he went out onto the ice and hammered a hole in it with his heavy wooden shoe, and carried the duckling home to his wife. There, it soon reviewed. The children wanted to play with it. But the duckling thought they were going to ill use him and rushed in and he frightened to the milkpan, and the milk spurted out all over the room. The woman shrieked and threw up her hands. Then it flew to the butter-cask and down into the meal tub and out again. Oh, just imagine what it looked like by this time. The woman screamed and tried to hit it with the tongs, and the children tumbled over one another in trying to catch it, and they screamed with laughter.

这一小段叙述了农民把丑小鸭带回家送给妻子，孩子们想和它玩耍，丑小鸭以为孩子们要伤害它，出于害怕跳到牛奶盘里，又将牛奶溅得满屋都是，女主人的惊叫和拍手使得丑小鸭又飞到黄油盆里，接着飞进面粉桶，最后才爬出来。在这一系列动作和事件的叙述中，虽然作者并没有刻意地渲染丑小鸭的心理，但作者通过叙述这一连串的动作，使读者着实为丑小鸭捏了一把汗。这就是这段叙述的成功之处，令读者产生了连续的紧张与无限的同情。

（2）情节的合理性

文章的情节发展一般都是按照一定的时间顺序进行的，为了表述事件发展的经过，作者要具有清晰的思路以及一定的逻辑思维表达能力。文章篇幅较长时，更容易表现跌宕起伏的情节，尤其在悬疑小说中，更容易造成某种悬念。故事的情节通常分为：开端、发展（有时也包含转折）、高潮、结局等模式。文章的叙述顺序通常又分为：顺叙、倒叙、插叙等。因此可以说，情节方面是具有一定的弹性或者说张力的。文章的长短并不是决定情节好坏的因素，而主要在于文章是否具有比较清晰的线索。无论长篇或者短篇，如果能让读者跟随着主人公的足迹与喜怒哀乐，急切地想知道事情的进一步发展和结局，并且能够给读者留下深刻的印象，那么这篇文章就是成功的。请看下面一段例文：

When I was fifteen, I announced to my English class that I was going to write and illustrate my own books. Half the students sneered, the rest nearly fell out of their chairs laughing. "Don't be silly, only geniuses can become writers," the English teacher said smugly, "And you are getting a D this semester." I was so humiliated I burst into tears.

That night I wrote a short sad poem about broken dreams and mailed it to the Capri's Weekly newspaper. To my astonishment, they published it and sent me two dollars. I was a published and paid writer. I showed my teacher and fellow students. They laughed. "Just plain dumb luck," the teacher said. I tasted success. I'd sold the first thing I'd ever written. That was more than any of them had done and if it was just dumb luck, that was fine with me.

During the next two years I sold dozens of poems, letters, jokes and recipes. By the time I graduated from high school, with a C minus average, I had scrapbooks filled with my published work. I never mentioned my writing to my teachers, friends or my family again. They were dream killers and if people must choose between their friends and their dreams, they must always choose their dreams.

这篇文章从内容和情节上经历了几次波折，是一篇非常优秀的文章。叙述了作者小时候宣布准备写书并自己画插图而遭到老师和同学的嘲笑，自己在伤心之余写了一首短诗，却出乎意料地发表了，还得到了两美元的报酬。事情发展到这里，所有的读者都为之高兴，然而，当她将成果给同学和老师看时，却又一次遭到了嘲笑，读者的心情也随之抑郁和愤怒。但是，作者并没有像第一次那样感觉到伤心，反而更坚定了自己的信念。这又使读者从悲观的情绪中走出，露出欣慰的笑容，同时也对作者产生了敬佩之情。当然结局也证明了作者并没有因为别人的嘲笑而停滞不前，而是成功卖掉了自己很多的作品。对于一个追求梦想的孩子来说，一再遭到别人的否定，却能够始终坚定自己的梦想是很难得的；读者紧跟着孩子成长的足迹，一直关心孩子能否实现自己的梦想。因此，这段叙述虽然在情节上未能掀起轩然大波，但是通过两个小波折，引起了读者的深切关注。

（3）语言的生动性和形象性

语言的生动性和形象性并不是指一定要用非常华丽的辞藻和夸张的表达，而是所使用的语言要比较具体，更加贴近现实生活，使读者能够感到很亲切，并且语言表达要恰当，符合当事人的身份、年龄、阶层，以及文化背景等。用平实的语言来叙述发生的事件，不是一件容易的事情，需要深刻的文字功底和切身的生活体会才能达到成功。另外，想要让读者切身体会并身临其境于作者叙述的事件中，在很大程度上，也要依赖语言的表达。如何用恰当的语言表述事件？答案是通过大量阅读，并细心揣度用词，再通过大量练习和认真体会生活，这样才能够培养自己对文字的驾驭能力。请看下面一段例文：

I had four children the time, and the oldest was only four. While the children napped, I typed on my ancient typewriter. I wrote what I felt It took nine months, just like a baby. I chose a publisher at random and put the manuscript in an empty Pampers diapers package, the only box I could find. I'd never heard of manuscript boxes. The letter I enclosed read, "I wrote this book myself, I hope you like it. I also do the illustrations. Chapter six and twelve are my favorites. Thank you." I tied a string around the diaper box and mailed it without a self addressed stamped envelope and without making a copy of the manuscript.

A month later I received a contract, an advance on royalties, and a request to start working on another book. Crying Wind, the title of my book, became a best seller, was translated into fifteen languages and Braille and sold worldwide. I appeared on TV talk shows during the day and changed diapers at night. I traveled from New York to California and Canada on promotional tours. My first book also became required reading in native American schools in Canada.

通过这段叙述可以看到，作者是以一位母亲的身份来写的，将作品的创作过程比作十月怀胎，这符合其身份，形象地表达了边照顾孩子边写作的辛苦。将所有人都认为非常重要的手稿用装尿布的盒子包起来，令读者更是在捧腹之余又深感同情。由于取得的成绩得到了媒体的关注，白天作者出现在电视的访谈节目中，晚上则回家换尿片。通过这一细节反差的叙述，在不经意间，通过换尿片这件小事的衬托,这段文字很自然的表现出了作者取得了巨大成功却又显得无所谓的平和心态。这也正是作者这篇文章的成功所在,既有辉煌的成功也有日常的琐事,但是都用最平实的语言表达出来,因而更具有生活化的特点;获得的成绩用具体的数字来表述,也增强了文章的真实性和可信度。

(二)记叙文的分类

一般说来,记叙文就是以叙述事件为主来讲述故事或者描述事情的发生经过。在表现手法方面,记叙往往和描写相结合。在讲述故事时,需要描绘某一场景、某一人物;在描写某人和场景时,又需要叙述动作和情节。记叙文和说明文以及议论文等相比较,虽然有很大的区别,但是通常在一篇文章中,这些文体都会交替出现。对记叙文进行分类,依据的标准不同,分类也就不同。记叙文可以根据文章的结构分为:总—分—总、总—分、分—总等;根据叙述方式分为:顺叙、倒叙和插叙或者是几种叙述方式的综合运用;也可以根据叙述的人称分为:第一人称和第三人称记叙文等。顺序、倒叙和插叙比较容易理解,主要指的是叙述事件的时间顺序。在这里,主要讨论关于人称的问题。

记叙文的人称,也就是作者选择的立足点,叙述的主体站在什么位置、从什么角度、用什么样的语气叙述问题。记叙文通常选择第一人称或者第三人称的角度来叙述。第一人称便于直抒胸臆,把故事的情节通过"我"的口吻来传达给读者,使读者感到真实可信,仿佛身临其境。用第一人称叙述个人经历,能够表达主观情感,容易使读者产生共鸣。而第三人称具有相对灵活的特点,作者能够从旁观者的角度,以局外人的身份叙述事件,用客观的口吻叙述故事情节和事件发生经过。第三人称叙述的特点是不受时间、空间甚至叙述对象的限制,能够充分反映事件中个人的感受和见解。第三人称记叙文通常包括新闻报道、历史事件、人物传记、小说等。

需要注意的是,无论选择哪种人称,文章都应该保持全文的人称一致性,切忌记叙一篇文章时多次出现不同的人称,也就是说要选准立足点。

(三)记叙文的具体步骤

记叙文写作要遵循一定的步骤,在了解具体的过程之前,首先要应该明确记叙文包含哪些要素以及记叙文的一般模式。记叙文的要素包含以下四个主要内容：

①时间（the time）。

事件什么时候发生的？

②地点（the place）。

事件在什么地方发生的？

③人物（the agent）。

一个或几个参与事件的当事人。

④行为（the action）。

做了什么事。

这四个方面的主要内容，在记叙文中是不可或缺的。通常，人们将记叙文的要素总结为五个"w"和一个"h"，即what、who、when、where、why和how。因此，在写记叙文时，可以尝试着进行如下提问：

Who was involved？

谁是当事人？

What happened？

发生了什么事？

Where did it happen？

在哪里发生的？

When did it happen？

什么时候发生的？

Why did it happen？

为什么发生？

How did it happen？

怎样发生的？

请看下面的例句：

Some time ago, an interesting discovery was made by archaeologists on the Aegean island of Kea. An American team explored a temple which stands in an ancient city on the promontory of Ayia Irini.

不久之前，在爱琴海的基亚岛上，考古工作者有一项有趣的发现。一个美国考古队在阿伊亚·伊里尼海角的一座古城里考察了一座庙宇。

这两句话包含了时间（some time ago）、人物（archaeologists，an American team）、地点（on the Aegean island of Kea，an ancient city）、事件（an interesting discovery was made，explored a temple）、怎样发生的（discover, explore），事件发生的原因事实上也是隐含在句子中的，因为考古工作者的任务就是进行考察。

（四）记叙文的应用

以下是记叙文的相关题目，为了提高写作水平，建议通过以下几个方面进行练习。

1. 叙述个人经历

独自旅行、学游泳、野餐、做手术、约会、追星、经历灾难、一次表演、做实验以及成长各个阶段的许多"第一次"。

2. 叙述周围发生的事件

邻里吵架、救援行动、节日见闻、亲朋的婚礼、助人为乐的事迹等。

3. 看图作文

主要是根据给定的图画叙述事情的发展经过。看图作文有固定的情节，在叙述顺序方面比较清晰。有些图画的开头或者结尾是开放式的，需要作者适当地进行想象和发挥。

4. 新闻报道

新闻报道要求固定的格式和内容，记叙文的几大要素都应该具备。通常是对新鲜事件或者是引起轰动效应的事情进行报道，要求信息来源真实、准确，表达符合新闻语言的要求。

5. 小说或虚构故事

小说和虚构故事的自由度是最大的。作者可以在自己的思绪中自由驰骋，但是也应遵循一定的逻辑顺序，不能过于虚幻缥缈，使读者摸不到头绪甚至不知所云；题材可以根据作者自己的兴趣自由选择。

三、议论文（Argumentation）

（一）议论文的定义及特点

1. 定义

议论文（argumentation）或称论说文，是一种剖析事物、论述事理、发表意见、提出主张的文体。议论文的目的是使人信服、劝说、辩论、判断或评价，主要表达方式是说理议论，而通过说明、描写、叙述、对比等方式描写一定的事物则为议论提供了论据。

2. 特点

议论文一般要具备论点（proposition）、论据（evidence）、论证（demonstration）三大要素，论点是行文的起点和基础，是文章的核心；论据是文章的主要内容，是支撑文章写下去的重点；论证是文章的整体逻辑，是将论据与文章主题联系起来的纽带。因此，如何处理这三者之间的关系，让议论文整体流畅、逻辑通顺、论述合理且有深度是议论文必须重视的问题。

（1）论点

论点是文章中加以阐释和说明的基本观点，是文章的核心和灵魂。论点是作者对所论述问题提出的观点和主张，是要被证明的对象，可以在文章开头提出，也可以在论述过程中提出，还可以在文章结论部分提出，或者在文中不出现而采用文章题目高度概括的方式。

在写作过程中，论点的确立尤为重要。确立论点要注意以下几点：
①要正确、鲜明，做到有的放矢。
②一篇文章只能有一个中心论点，并且是贯穿全文的一条主线。
③论点要表达意见、态度或思想，而不能简单地提出文章所要说明的事实。
④必须是自己熟悉的东西，这样才能切中要害，提出自己独到的见解。

（2）论据

论据是议论文行文的主要内容，对论据的说明分析是支撑论点的重心，足够切题的论据既能让行文更加流畅，也能让文章更加精彩。

论据可以是事实论据也可以是理论论据。论据的选择要注意以下几点：

①论据要准确。论据要真实、可靠，否则文章也会失去说服力。

②论据要充分。要说明一个论点，必须选取足够多的论据，个别的论据也许不全面，不足以说明论点。论据越充分，文章的说服力越强。

③论据要典型。论据要能充分反映事物的本质。要排除那些偶然的、个别的事例，选择最能反映事物本质和规律的典型材料，否则会使得文章缺乏可信度。

④论据要与论点有紧密联系。在选择论据证明论点时，一定要使论据与最终的结论有紧密的相关性，否则会弄巧成拙。

论据的形式可以是多种多样的，常见的有常识、个人经历、具体事例、统计数据、事实和来自权威人士的信息。在推理中，作者经常将常识作为论据，由于常识是被普遍接受的，几乎可以放心使用，不需要任何实例或统计图表来加以证明；如果题目范围很窄，并且与作者自身有紧密联系，使用个人经历作论据同样可以达到很好的效果，这也是大学生写作时常使用的手法；以典型的具体事例为论据是一种好方法，但要注意历史性的事例常常要涉及怎样解释的问题，还要注意避免轻率概括（hasty generalization）；使用统计数据作论据是较少受到质疑的，但要注意使用的数据要准确、相关和完整；事实通常是最有力的证据，事实包括被实践检验或广为接受的数据，如历史事实、科学数据等；以英雄、专家、领袖、模范等令人尊敬的著名人物的言行作为论据也同样能够令人信服。

3. 论证

论证是议论文的重要组成部分。它是运用严密的逻辑推理，把论点与论据有机地组织在一起，使它们紧密相连、无懈可击，从而达到论点和材料的高度统一。简而言之，论证是议论文中证明论点的过程和方法，它可以解决怎样用论据来证明论点的问题。论证的方法有很多，如归纳推理（inductive and deductive reasoning）、因果分析法（causal analysis）、反驳法（refutation）、类比对比法（comparison and contrast）、例证法（illustration）、定义法（definition）等。

①归纳推理

论证的两个基本形式是归纳推理和演绎推理。归纳推理指先给出具体实例，最后得出一个一般性的结论。归纳推理的说服力强，但其论据穷尽一类事物的全部情况的可能性不大，因此所用事实必须是真实的典型的，在做结论时也要留有余地，不要言过其实，避免犯轻率概括或以偏概全的逻辑错误。归纳推理通常遵循四个步骤：第一步，收集一些具体或特定的实例作为证据；第二步，观察并区分这些证据的特点；第三步，找到这些特点所指向的可能得出的结论；第四步，做出推理飞跃（inductive leap），得到有用的结论。

②因果分析法

因果分析法可以探索事物间因果关系，是运用逻辑推理进行分析的一种常用方法，它通过客观、正确的推理，分析事物发生的原因及产生的结果，从本质上提出某一现象存在的根据。

③反驳法

反驳法是指设法证明对方论点是错误的，驳斥对方论据的虚伪性，揭露对方论证中的谬误，从而推翻对方的观点，以建立自己的新观点。

④类比对比法

类比对比法是通过比较与对比的方法来说明与论证主题给出的观点或结论。通过比较，读者可以看出两个或两个以上的人或同类事物之间的相似之处，作者可以通过对比指出它们之间的不同。类比对比法有两种方式：一是局部逐点对照，二是整体集中对照。前一种方法通常将两种事物同时比较或对照，后一种方法则集中论述某一事物，而后再讨论另一事物，即从整体角度来探讨两种事物之间的异性和共性。

⑤例证法

例证法是通过实例来支持观点的一种有效方法。作者可以通过举例来论证主题句中的观点、概念或总的情况，使主题更加鲜明突出。但注意要选取典型的、有代表性的、并且有说服力的例子。

⑥定义法

定义是对某事物、某名词或某概念的特征进行概括表述，进而阐述其本质的描述。定义法能概括段落的中心思想，对论据进行总结性陈述，并由此陈述作者的观点和逻辑。定义不拘泥于长短，可以只是一个词，也可以通过一段话来对抽象且复杂的事物进行定义。

（二）议论文的分类

根据上面提到的归纳和演绎的推理方式，我们可以将议论文分为归纳型议论文（inductive essay）和演绎型议论文（deductive essay）。此外，根据文章的目的和功能，议论文又可分为驳论文（refutation essay）、劝导文（persuasive essay）、评判文（judgment essay）及评论文（commentary essay）。

1. 驳论文

问题都有正反两面，作者想让读者相信自己的观点，就要证明对立的观点是错误的，我们将这样的议论文称为驳论文。驳论文的任务是反驳某种观点或攻击一些观点的错误之处。通常可以用三种方式反驳：可以驳斥对方对某一观点的言论，可以驳斥对方对某一观点的见解，还可以驳斥对方有误解的地方。[①]

（1）驳斥对方对某一观点的言论

组织一篇驳论文时，可以通过直接攻击对手对某一问题所做的言论来驳斥对方。对方的言论可以是真实的，也可以是有疑问的，这些全都取决于作者要如何辩论。这被称作是驳斥论点。

（2）驳斥对方对某一观点的见解

在有些问题上，其他人可能持有不同的观点。如果想要其他人同意作者的观点，作者就要驳斥他们的观点。在驳斥之前可以先列出支持对方观点的理由，然后加以驳斥并提出自己的理由，这被称为反驳论据或是反驳论证。

（3）驳斥对方有误解的地方

如果对方对于作者认为十分平常和自然的事情有误解，可以直接反驳，这也可以被称为反驳误解（refuting misconception）。

（4）承认部分有效观点

如果对手在辩论中部分观点是有效的，那么在驳斥时要给予肯定。忽视对方观点中的积极部分不会对驳斥过程产生任何帮助，作者应该首先承认对方积极的一面，然后继续论述为何自己的观点更加重要。

---

① 李森. 改进英语写作教学的重要举措：过程教学法[J]. 外语界，2000（01）：49.

2. 劝导文

在辩论文中，文段主要的目的是要保护作者的立场；在驳论文中，文段主要目的是反驳对方的观点；在劝导文中，文段主要目的是赢得读者的支持。辩论文试图使读者相信一些事情，驳论文试图使读者放弃一些事情，而劝导文除了要证明一些事情是正确的和反对一些事情外，还有一些附加的目的——让读者接受一些事情，换句话说，劝导某人做或不做某事，或给某人提出建议。

同其他类型的议论文一样，劝导文也要依赖于逻辑推理。劝导文要产生效果，就必须使读者相信推理的合理性，否则不但不能说服持不同意见者，还可能使已经支持者动摇。写好劝导文要做到正确推理（sound reasoning）、阐述命题（fonnulating the position）、考察对方观点（examining the opponent's point of view）和诉诸情感（appealing to emotion）这几个方面。

（1）正确推理

在某种程度上，作者要用自己能够信服的、真诚而清晰的辩论说服读者，让读者感到说理清晰、令人信服。这意味着作者要选用一个自己比较了解和深信不疑的题目，然后进行正确的推理。

（2）阐述命题

要写一篇劝导文，首先要提出命题——已经证明为真的论点，然后对其进行明确而系统的陈述，这个过程称为阐述命题。

（3）考察对方观点

写劝导文时，一定要先将对立的观点全面考虑，如果忽视了其中的某些观点，很有可能离题，难以说服读者。所以在劝导文写作中，考查对立观点是必不可少的步骤。

（4）诉诸情感

尽管劝导文如同论辩论文一样主要诉诸逻辑推理，它也与驳论文一样要诉诸情感，这些情感包括读者的兴趣所在、被爱的需要、自尊的需要、安全感等。广告也许是最常见的诉诸情感的劝导文。有时候诉诸情感会被认为是一种谬误，但它在驳论文和劝导文中是允许使用的。

（5）将劝导与其他体裁结合

有些题目的写作需要将劝导与其他体裁结合起来，如和辩论文、驳论文、记叙文、描写文、阐释文等各种体裁结合。实际上，任何作文或短文都可以是多种体裁的结合，尤其是在较长的文章中。

3. 评判文

评判文也是议论文的一种。在写作时，作者需要看到问题的正反两面，并找出证据、清晰论述，最后得出结——做出合适的解释或判断。评论文的作者要遵循三个原则：探索正确途径、权衡客观事实、评价分歧问题。

（1）探索正确途径

与劝导文或辩论文不同，评判文的作者不是要说服读者，而是还处于探索事实的过程中。当然，有些时候作者已经做出了判断、下定了决心，但他的文章还要遵循探索的轨迹发展，这也被称为探索正确途径（probing the correct course）。评判文也可以有说服力，但这不是它最初的主旨，而是清晰的推理与展示带来的副产品。

（2）权衡客观事实

如果我们将辩论文的作者比作律师，那么驳论文的作者就是它的反方对手，劝导文的作者就好比是传教士，极力希望他人接受自己深信不疑的事情，而评判文的作者则更像是裁判员，他必须听取对立双方的意见，尽可能客观公正且有智慧地做出判断。因此，作者必须权衡客观事实来考察是否可获得事实、可以使用怎样的事实，以及通过相关事实可以得出怎样的结论。

（3）评价分歧问题

大多数时候，评判文的作者要处理的并不是事实的问题，而是一些对观点或解释的争论。也就是说作者必须要评价有分歧的问题，这类问题的处理要依赖于对问题和相关知识的全面了解。

4. 评论文

当一个人目睹了某件事情发生，他可能要讲述几句；当一个人了解了一些新闻，他可能要发表一些见解；当一个人经历了某些事件，他可能要陈述自己的观点，所有这些都是在做出评论。对某个问题做评论的文章就是评论文。评论文可用于对某个事件、问题、书或艺术形式提出观点、形成判断，因此，评论文还可以再分为事实性评论文（factual comment essay）、书评（book review）等。

（1）事实性评论文

事实性评论文涉及的范围很广，比如，社会问题、种族问题、道德问题、新闻事件或人物、环境问题、生态问题、政治问题、国家政策、大学的课程设置、热点问题，以及大大小小的各种问题。换句话说，对于任何作者认为值得的话题，作者都可以做出评论。由于要先交代出事件，这种评论文通常从描写或记叙开始。当然，评论文不仅仅是要批评错误或消极问题，也可以用来做出积极的评价。在写作中，可以使用各种推理和分析手段，如因果分析、演绎推理、过程分析、比较和对比等。

（2）书评

书评是针对一本书，尤其是对新书做出评价的文章。书评通常要讨论书中的成绩和瑕疵，有时只提出肯定的评判，偶尔也会提出问题。好的书评是对一本书的概括。书评不是机械地提出"好"或"坏"、"有趣"或"沉闷"的评价，而是要对它进行分析和评估。书评可能会促使读者去读所评论的书，也可能不会，如果读者真的去读所评论的书籍，书评就是读者的向导，可以帮助读者有目的、有计划的读书。

（三）议论文的写作策略

1. 确定好论题

论题是作者在文章中提出来要进行论述的问题，是论证的对象。一篇议论文的论题是全文论述的中心，起着统领全文的作用。可以从社会、政治、经济、伦理等方面选择令人感受强烈的论题和有论证必要的论题。论题越是具体，论证时的焦点越容易集中。论题可以出现在文中的任何地方，但初学议论文写作时，我们最好将论题的陈述放在作文的前部。可以对论题的重要性做一个解释，并清楚地告知读者，作者对该论题十分关心和感兴趣；还可以将中心论点在文中的前两段直接说明，避免读者对作者的立场产生困惑。

2. 了解读者对象

作者要在脑海中勾勒出读者是什么人，了解他们目前对论题持什么态度、有些什么观点。读者可能熟悉情况，也可能不太了解情况；他们可能有偏见、敌意，也可能善于接受；他们可能是无动于衷的，也可能是赞成的或是愿意换位思考的，他们可以是其中的一种或是几种的混合，关键是作者要高度意识到要读作品的读者会是什么人。读者可能会对问题的社会或历史背景不甚了解，需要把问题放在它的背景下去讨论，如果读者对论述的观点有偏见甚至有敌意，需要用深刻全面的方式批驳对立观点，但要小心不可以有敌意。如果读者已经准备接受甚至是赞成，那么重点可能是要诉求于他们的良知和责任感，促使他们采取行动。总之，从读者的角度出发议论问题，更容易说服读者。

3. 充分的证据

要使用确实有力的证据。言必有据，没有确实有力的证据，论点就站不住脚，更谈不上说服读者。论据应该是真实的、典型的、新鲜的和充实的。只有运用这样的论据，论证才有力量。

4. 结构要层次分明

议论文大都采用三段式的结构——引言、正文和结论。除此以外，作者还要注意组织以下三种内容：第一，事实的罗列——作者的意见、看法与事实（数据）等应按照一定层次组织安排，或根据性质分类，或根据重要性列举，或依照数目的大小安排等；第二，行动次序的排列——作者认为必须采取的行动要按照一定步骤列举，或根据时间先后，或依照紧迫性的程度等；第三，反驳的顺序——作者对需要辩论或反驳的论点应按照一定顺序依次反驳，或先易后难，或先近后远等。

5. 诚恳友善的态度

作者写议论文时应客观、公正地议论问题，不带任何偏见，不以个人私利出发，这样的议论才有力量。一方面，作者应通过文章证明自己的品质（如诚实、公正等），而且应在文章中自然流露而不是故作姿态。如行文流畅、说理透彻、以理服人，说明作者具备真诚和公正的性格；作者的语气坚定有力、沉着冷静可以显示作者勇敢和稳健的性格等。另一方面，要注意对读者的态度。论说文很容易写成居高临下、以势压人的官样文章。而论说文成功的原因并非来自辱骂、讽刺、夸大和恶意攻击，它的力量应表现在说理和事实上。因此，要采用与读者平等交流的语气（you-attitude），尽量避免使用"这很必要""那很必需"之类的句子。

第二节　大学英语写作的过程分析

在大学英语写作教学过程中，教师对学生帮助最佳的时机是在写作过程中，是在学生还在思考题目、组织思想、组织语言的时候，而不仅仅在学生写作结束后的评语、评分上。教师要在写作过程中培养学生良好的写作习惯，在写作过程中给他们指出问题、提出修改意见，启发、指导他们写出更好的作文。好的英语作文成就于写作的过程，其中包含如何得到新的写作思想、如何把这些思想整合在一起，以形成一个有机的整体以及如何把这些思想变成书面文字材料、如何找出不足并加以改善等。通过对这些技能的练习和理解，可以使学生提高英语写作水平，并在写英语作文时能够如行云流水，流畅且具备可读性。

一、写前准备

无论我们写什么话题的英语文章，都要先思考话题，联想与话题有关的各种观点和事实（数据、事例、现象、道理、名言等），并思考作品的目标读者是谁、我们为什么写、写什么、写作的地点及自己能够用在写作上的时间。要归纳出符合要求或自己认同的观点，也就是文章的中心思想。确定了中心思想后，再认真审视已经选择的观点、材料，哪些更具有典型性和代表性。通过增加、删减的方式，选出合适的材料，这样才能把握主题思想，并找到充分的论据。然后，把主题思想用恰当的主题句表达出来，把论据按照一定的逻辑顺序写下来，这就是提纲。写前准备中，我们要考虑写作主题、写作目的、作品的读者。写前准备的步骤因所写文章题材的不同而不同。① 通常情况下，写前活动有助于作者找到一个好的话题，并缩小话题写作的范围。构思好写作的目录或者一个完善的写作提纲，可以为正式写作打下一个良好的基础。

---

① 陈立平，李志雪．英语写作教学：理论与实践[J]．解放军外国语学院学报，1999（01）：89．

（一）整理思路和相关信息

我们所写的内容依赖于我们对问题的思考，我们思考的问题常常是身边所见、所闻、亲身体验的事情。写前准备需要我们集中精力在我们所思考的问题上，在此基础上再进行拓展。我们可以通过阅读与话题相关的材料、小组讨论、个人反思等方式进行。第一，阅读是写前准备活动之一，通过阅读了解相关信息，完成对文献的归纳和综述。文章作者需要对同一领域里知名学者的著作、文章、电子资源进行检索。阅读能够使文章作者的大脑保持活跃状态，从而迸发新的思想，了解详细的信息，有助于思考相应的写作主题。主题是文章的灵魂，没有主题，文章就失去了生命。我们要选择正确的、积极的、有教育意义的主题，而不是歪曲的、消极的、没有意义的主题。第二，讨论。写前活动也包括口头的、正式和非正式的、课堂内外的讨论活动。第三，个人反思。写前准备活动也可以个人反思的方式进行。文章作者可以对各种问题进行思考。个人反思可以以多种方式进行，包括写日记、头脑风暴、列目录。英语作文水平高的学生能够经常性地用英语记日记，写下能够吸引他们注意力的、值得保存和观察的事情。他们观察得越多、写得越多，就变得越善于观察，其思路也就越清晰，创造性思想就越多。经常性地写日记有助于保持良好的写作状态、写出高质量的文章。第四，大脑风暴。大脑风暴也有助于个人的思考，可以自由地表达自己的思想，无须害怕他人的批评，让不同的思想连接、碰撞，并由一种思想启发产生新的思想。很显然，它以小组合作的方式进行更有效果。第五，列目录。通过思考、讨论，作者可能产生想要表达的主题和支持主题的思想。列目录有助于作者批判性地审视作者的各种思想和它们之间的关系。作者可以列各种目录，例如，主要观点目录、支撑细节目录、所用例证目录、论点目录等。所有这些目录都是文章的一部分。目录通过修改后，要按照一定的逻辑顺序进行编排。列目录是挑选要点、寻找恰当支撑思想的重要方法。在写前活动中，列目录有助于整理思路、增强逻辑性，文章也就会前后一致、有条有理。一些学生擅长通过图表、数据来表达思想，描述它们之间的相互联系，因而这些数据有助于他们产生新的思想。

（二）确定主题，明确选题范围

主题是从客观事物中抽取出来的抽象概括，它必须通过一些具体的、生动的材料表现出来，才能成为一篇完整的作品。有时，我们得到的是一个命题作文；有时，我们可以自由地选择自己感兴趣的话题。要根据写作要求确定自己的选题大小，而材料是用于表现主题的，因此，它必须围绕主题、服从主题，材料选择应该是典型的、有代表意义的。例如，在 I enjoy playing tennis 这个主题句中，tennis 是主题，而 I enjoy playing 表明作者对这一主题的态度。再例如，We spent a day at the beach 也是个主题句，其中 a day at the beach 为主题。

（三）确定写作目的

写作时，先要考虑的是你为什么写，目的是什么。而跟写作目的直接相关的是读者。不同的读者决定你的用词、句型结构、使用文体、文章结构、表达方法的不同。分析读者是写前准备活动的一部分。

（四）确定主题句

明确写作目的、了解读者情况后，作者接下来的任务就是达到写作目的。表达主题思想的句子，对于一个段落我们称之为主题句；对于多个段落，我们称之为论点句。段落的主题句通常出现在段落前。有时，主题句出现在段末。主题句出现在段末有两个优点：第一，它能制造悬念，吸引读者一口气把段落读完；第二，段落的最后一段往往能够在读者头脑中留下深刻印象。当作者要对两个事物进行比较或对比时，把主题句放在中间有利于清楚整齐地安排段落内容。以主题句和结束语为段落要点，是最重要的信息。

（五）组织材料

在写作之前，我们应该对如何表达主要观点有一个设计。总的讲，这种设计可以依照以下三种方式进行：时间顺序、空间顺序、事情的重要程度。组织材料的第一原则是要有重点，刻画首要的材料是重点，次要的材料只有陪衬、辅助作用。组织材料的第二个原则是要有秩序，没有经过整理的材料是零碎的、庞杂的，哪些先说、哪些后说都要有周密的计划。写前准备应该使我们进一步明确写作主题，形成一个写作目录或者提纲。它们能够让我们顺利完成写作过程。有时，写作并不如我们想象的那么容易。为了有一个完整的、全面的写作提纲，作者需要进行额外的准备、思考、反思、讨论。因此，良好的写前准备能够让作者在写作过程中比较轻松、更加自信。

二、写作

为了在写作中清晰地表达思想，作者应该做到选词准确、拼写无误、句子结构和内容完整。段落应该包含主要思想和充分的支撑依据。一篇完整的文章应该包括三个部分：引言、正文和结束语。写作贵在写出真情实感和写作者最关心的话题。在真实、自然中，作者能够取得意想不到的进步。在写作过程中，信心是关键。而写作过程本身能够帮助作者建立自信，无论作者是在表达自己的思想，还是归纳、反馈别人的思想。写作过程中要紧扣主题，保持一致性，善于使用各种连接词语表达句子与句子之间的各种关系。好文章是写出来的，每次作业要充分落实具体要求，认真完成、按时提交，勤于实践。

三、修改

好的文章是改出来的。修改过程是写作中最难的部分。要使平凡的文章成为上乘之作，就应该在修改方面下足功夫。修改应该包含以下几个方面：第一，在篇章主题方面，主要看写作的内容是否符合要求、文章的主题是否清楚、论证的内容是否充分，以及段落之间的过渡是否合理、层次是否清晰。第二，在段落方面，每个段落是否有主题句；段落主题句是否围绕篇章主题；扩展句是否支持了主题句、内容是否充实，是否具有说服力；扩展句之间的关系是否符合逻辑，是否使用了恰当地连接词汇；每个段落是否有结论。第三，在句子结构方面，句子结构是否完整、句子成分是否完整、重点句子是否有谓语动词、是否出现两个以上的动词、主谓是否一致以及时态、语态、语气是否正确。第四，在词汇使用方面，每词的使用是否准确；名词单、复数是否正确，动词的搭配是否准确；形容词、副词的用法是否正确；代词的用法是否准确。最后，检查一下文字是否简练，重点是否突出。写文章必须周密准确、无懈可击，任何一点破绽都会引起读者的责难。好文章是改出来的，教师修改过的文章（包括其他同学的文章），学生要认真品味、感受奥妙，增加信息反馈量。

四、校读

一篇文章立论再新、内容再好，如果在字、词、句方面错误太多，也不能够算是成功的。因此在修改完后，为确保准确性，我们需要进行校读。例如，校正标点符号、校正语法和习惯用法等。以积极的态度应对上述问题，有助于我们进行成功的校读。写得越多，校读得越认真，我们就越容易发现自己作品中的不足。

一篇文章的写作过程也是反复修改的过程，写完之后至少看两遍，将可有可无的语句删去，有删除，自然也有增益。在大学英语写作教学过程中，教师需要做很多与写作过程相关的工作，要指导学生与文本互动，掌握写好作文的各种策略。学生必须在用中学，如思考写作主题、挑选想法、列提纲、改写初稿、修改、编辑等工作。写作课程的所有这些方面工作都有助于学生形成自己的良好写作习惯。教师的重要责任之一是帮助学生提高修改文章的能力、提高英语写作水平，以及提供充分有效的教师反馈，让他们工作效率更高、更有信心地完成写作。同时，我们也要考虑特殊的教学情况和学生的需要，清晰地认识到写作过程有时并非直线形的。要能够应对写作过程中出现的意外情况，对写作过程做出适当的回应。

第三节　大学英语写作的评价分析

评价与反馈是写作教学过程的重要组成部分，它贯穿写作教学过程的始终。成功的写作评价是对学生写作能力发展状态的评价，要服务于学生发展这一根本目的，它具有形成性、开放性与灵活性等特点。成功的评价有利于学习者提高学习兴趣、增强学习信心、催生学习成就感，从而产生学习动力，可以起到积极的激励作用，其重要性不言而喻。但是，我国高校英语写作评价的发展尚存在许多不足，教师对如何进行英语写作评价的探索和经验总结均十分稀少。因而在今后的英语写作评价探索过程中，教师应重视对教育生态环境的理解与反思，让英写作评价体系建立在现有的教育理念之上，适应现今的大学英语教育环境，让英语写作评价能真正提高大学生的英语写作水平。具体而言，一是，教师要了解学生的英语写作水平和写作难点，了解学生写作的思维特点，二是，要找到教学与学生实际情况脱节的点，进而改变教学方式，帮助学生认识自己的不足，并通过教授正确的写作技巧帮助学生建立自信心。只有这样，写作评价才能真正发挥其作用。由此可见，大学英语写作评价体系不仅是对学生作品水平的结论，更可以从学生的写作逻辑、写作思想、写作技巧、写作目的的完成情况等方面帮助学生分析自己在写作各个环节的不足之处，并帮助他们寻找解决方法。写作评价要让学生知道写作练习的目的不仅是完成写作，更要通过练习学习各种各样的写作技巧，最终学会灵活运用文字表达自己的思想。从以上分析，我们不难看出写作评价在教学中的重要性。但是教师在教学实践当中往往对写作评价持有不恰当的态度，大部分教师在进行评价时都是以批评纠错为主，长此以往，学生对写作的信心和兴趣都会受到打击。为此，大学的写作评价应创造平等、宽松、愉悦的评价氛围，同时鼓励学生自评和互评，以友好和谐的方式实现写作评价的目标。

调查研究发现，地方院校大学英语写作教学的实效性需要加强，特别是对有效的评价手段的完善。很多教师对学生作文的批改只停留在指出几处语法、拼写错误，以及给一个简单的评语。教师在给学生进行纠错性反馈时，由于间接反馈需要学生学习主动性配合，配合的不确定性经常让教师转向于选择较明确的纠错方式。教师对学生文章思想内容、组织结构、语法或语言使用等方面的评价、反馈主要分为两类，即肯定性评语和否定性评语。从统计数据，我们可以发现教师给出的否定性评语总体多于肯定性评语。这一方面与学生作文本身的质量有关，另一方面与教师在课堂教学中传统的角色定位有关。教师对学生作文的评改没能够达到预想的效果。究其原因，一是大班化教学，教师很难做到对所有学生的作文进行细致的批改和评价；二是教师自身的写作和欣赏水平也限制了教师对学生文章的批改水平。现今大学经历了多次扩招，优秀师资匮乏，教师培养花费高，难以找到合适的储备人才，这也导致高校英语写作教学一直处于水平低下的状态。

此外，写作本身也是师生、生生之间的交流活动，学生在写作过程中可以通过交流讨论来确定写作方向和写作手法，教师也需要帮助学生明确写作的每一个阶段所要达成的目标，帮助学生培养正确的写作习惯。作文批阅和评价是写作教学的重要环节。2007年教育部颁布的《大学英语课程教学要求》中专门对教学评估内容进行了补充，强调了评估的过程性和发展性。[①] 从过往的经验中，我们可以看出，英语写作评价的方式是丰富且多样的，不同的评价方式能给予学生不同的灵感和建议，共同促进学生英语写作水平的提高。网络教学平台的诞生让学生能够接触更多的学生和教师，从而获取更多的评价与建议。网络教育平台也将教师从繁重的评价工作中解脱出来，在进行评价工作时也能事半功倍。在网络时代，学生英语写作评价工作也进入了新的阶段，写作评价更加关注学生个性的发展，也让学生乐于积极主动地寻找写作评价的机会与渠道，甚至能够提高学生评价他人作品的能力，然后反哺学生的写作水平。

一、基于网络与传统英语写作教学相结合的评价方式

（一）自我评价

自我评价是学生对自己写作状况的全面反思和评价。学生的自我评价有赖于具体的、详尽的、可实施的评价体系的建立。而评价体系的建立则离不开教师的不断实践与改进。具体而言，学生在进行自我评价之前，应充分了解评价标准和评价方式，此时教师可先为学生进行评价示范。教师可以发布范文让学生分组进行评价分析，让学生通过交流、讨论提高评价能力。然后教师可以就学生提交的评价资料帮助学生找出自己评价过程和结果的不足之处，与学生达到统一的意见。通过一系列有针对性的讲解和培训，学生应该能够了解写作评价的基本技巧和要求，并有能力针对自己的作品进行解析和评价，找到自己作品的不足之处，并能给出中肯的改进意见，从而提高自己的写作水平。自我评价和自我修正的过程也能够培养学生自主学习的意识和能力。学生进行写作评价，不仅是要根据评价标准对自己的文章进行评价，更重要的是在评价的过程中对自己的学习过程进行反思，对自己的写作方式进行调整。由此可见，自我评价不仅能加深学生对英语写作知识和技巧的掌握程度，也能促使学生积极主动地进行学习，提高学习的趣味性。

---

① 韩玉书. 大学外语写作教学再探讨[J]. 外语界，1992（03）：48.

自我评价对于教学而言，其主要作用就是让学生全身心投入学习之中，把精力全部放在学习上。此外，自我评价的过程也是学生站在客观角度对自己的文章进行品鉴和批评的过程。自我评价能帮助学生认识自己的长处和不足，帮助学生找到自己的发光点，树立自信心。通过坚持和努力提高自己的写作能力，完成更高难度的写作任务能够激发学生的成就感，激励学生再次投入更高难度的学习当中。同时，学习风气和学习氛围的打造也能给学生创造更好的提高学习的环境。可见，自我评价不仅是学生自主学习的方式，更是学生改变学习态度、培养终身学习意识的过程，它对于大学生的英语写作能力培养有非常重要的意义。

（二）同伴互评

同伴互评是现代教学中争议较大的一种教学方法。部分教师认为学生并不具备评价他人文章的能力，也很难对学生语言方面的问题提供有效可行的解决办法，甚至无法发现他人英语写作中的语言、字词问题。但是也有部分学者肯定了学生互评的积极作用，他们认为学生也是阅读的群体之一，自然也能从自身感受出发对文章进行一定的评鉴。此外，同伴互评的环节也能让学生在写作过程中以更加积极、更加端正的态度完成任务，这可以增强学生学习和修改的动力。不仅如此，同伴互评还能提高学生的语言交流、社会交际等方面的能力和学生的思辨能力，培养学生的团结写作的意识，是符合高校教育、教学目标的有效教学手段。有学者认为，同伴互评是不输于自我评价和教师评价的学习方式。在学生使用外语进行交流和写作的过程中，学生能够接触来自老师和不同同学的学习技巧和写作方式，这无疑能让学生接触更多优秀的学习资料，同时，来自其他学生的批评与建议也能让学生了解不同人的阅读理解思维模式，进而在写作的过程中就能更好地处理一些有争议的表达方式，使其文章更加自然、更利于读者接受。

实践证明，来自同伴的反馈比传统的纠错更能让学生记忆深刻，且能在学生今后的学习和实践中不断为学生提供新的写作思路和灵感。学生在互改互评的过程中也能收获良多。

由于同伴互评在教学实践中取得了良好的教学效果，使得越来越多的学者在这一环节上进行深入研究。同伴互评得以发展也有赖于社会对学生英语写作能力的重视程度越来越高以及英语写作在社会交流中的重要性被进一步挖掘。网络的便利性让人们能兼具写作者和阅读者两个身份，学生能很方便地上传自己的作品，邀请有相同兴趣的人来讨论和品鉴。这对学生合理制订学习计划、科学设置学习目标、正确认知自己的学习成果有很大的帮助。基于网络平台，同伴互评的范围也进一步扩大，学生不仅能从他人那里学到写作知识和技巧，能被更多人看到的念头也会让学生的创作劲头十足，进而引导学生用更加严谨、认真的态度进行英语写作。

同伴互评的具体操作方式有很多，一般将学生分为4~5人一组，这既能保证学生能接受足够的意见输入，也将互评的工作量和用时控制在合理的范围内。此外，意见反馈的内容要注意措辞，重点要平衡，不要过分重视对他人的批评，积极的评价能够帮助学生建立写作信心，提高学生的写作意愿。

不可否认，同伴互评也存在许多的不足之处。从教学实践中，我们能够看出，学生所进行的互评更多地关注语法、用词等基础问题，而对于文章的整体布局、写作艺术等高层次问题缺乏评价。造成这种现象的原因有以下几点：其一，语法和用词一直是学生学习的重点，也是教师授课的重点内容，我国传统英语教学大多是将教学内容凝聚在语法问题上；其二，学生缺少对英语写作评价的经验和技巧学习，教师也很少针对学生评价的能力做出有针对性教学；其三，在互评的过程中，教师忽视了对细节的把控，布置任务也缺乏应有的层次感，目的模糊，那么学生在进行互评时就只能根据以往的经验进行评价，进而失去了成长的空间。针对这些问题，应有效利用"一稿一聚焦"的原则。具体而言，教师要针对具体稿件设计出目的性强的任务，或者针对稿件的某个点，要求学生给出不同的评价反馈。

在同伴互评的教学模式中，小组之间的双向反馈也是非常重要的。通过双向反馈，学生能够互助学习，形成积极的学习循环，逐渐养成自主学习的习惯，提高自主学习的能力。现今许多高校都是采用大班教学的方式，教师很难照顾到每一名学生，如果学生没有自主学习的能力和意识，他们也就无法获得学习成果。同样的，只有学生能够进行自主学习之后，教师才能从知识灌输的角色中解脱出来，成为课堂的引领者。这样教师才能有足够的时间和精力去进行教学改革和研究。具体到英语写作的同伴互评中来，举例来讲，在评价某一篇文章时，学生要能同时站在读者与作者的角度进行解析，要模拟读者与作者之间的意见交流，不断对文章做出进一步分析和赏析。在反馈形式上，学生既要评价文章的不足，也要找到文章的可取之处，并对此形成自己的理解。只有这样，学生才能在这一过程中，不仅形成自然的英语语感，而且通过收获的积极反馈提升自己的创作激情和自信。

同伴互改是一种向学生提供更多反馈信息的手段，学生从互相修改中所得到的反馈信息量比教师的多，学生相互建议的一些方法也常常是充满新意的。在同伴互评阶段，教师要将注意力集中在评分标准上；在布置作业的时候，要告诉学生教师将怎样评判他们的作业，在学生修改文章、进行同学互相修改时，要提醒他们论文评价思路。例如，有没有清晰的、统领全文的论点；怎样使论点具体、清晰，更好地统领全文；文章哪些地方应该修改，哪些地方应该删除，以使论文更加紧扣主题；文章的组织结构、段落的展开是否充分；向同伴建议改进论文组织结构的方法；作者有没有明确指出哪些思想、观点是自己的，哪些是他人的；建议一些可以帮助区分自己的思想观点和他人的思想观点的方法；结尾段落是否全面地讨论了文章的意义或者目的；讨论作者可以用来扩展、强化结尾段落的方法；全文中的各个观点有无证据支撑；观点本身怎么样，观点的阐述能否更有力、更具体，文章是否有某种整体的连贯性或统一性；在对文章进一步修改之后，下一步需要做什么。值得注意的是：除非经过精心准备和安排，否则学生的互改效果不会好。

（三）小组内协作评价

小组内协作评价要求学生熟悉教师所规定的评价标准，并依照标准对组内至少两篇文章做出评改，然后依据评改内容填写评改表格。在评改的过程中，学生既可以留言，也可以在组内就某一问题进行讨论，还能及时与其他同学和教师进行探讨。

（四）教师评改

教师评改是英语写作教学中常用的评改方式。具体而言，教师要针对学生的具体作品提出问题修改意见和改进方式，除此之外，教师也要关注学生的创作过程，帮助学生改进自己的写作方式和写作思路。在此过程中，教师可以选择一些具有示范意义的文章在课堂上现场进行评改，让学生学习评改思路和方法。评改完成后，教师可以选出优秀文章进行发表，激励学生积极学习。教师在评改时可以重点评改文章的结构、布局与内容选择，同时对文章呈现出的问题进行选择性讲解，着重讲解学生难懂、易错的点，来帮助学生加深印象。教师在进行评改时也可利用网络平台，加深师生之间的交流，提高学生的理解程度，让写作课堂不再依仗知识的灌输，而是师生间平等、融洽交流英语写作问题和技巧的互助课堂。

  英语写作的评改也可以分阶段进行，要实现评价—修改—再评价—再修改的良性循环，让学生的写作能力更上一个台阶。这样学生通过一篇文章的练习，就能收获几倍的学习成果，同时，学生在不断的思考过程中也能锻炼自己的逻辑思维能力，重建自己的知识体系。教师要用欣赏、发展的眼光看待学生的作品，善于发现其闪光点，哪怕一个词的正确使用，都应给予赞赏。

  在评改过程中，教师也要有意识地树立学习典型，通过学生身边的真实案例帮助学生建立学习目标，激发学生的学习热情。而学生也要认识到英语写作在今后社会生活和学习中的重要性。一直以来，学生都只将英语写作看作英语学习的一个模块，而忽视了英语写作本身就有很强的实用性，这导致学生学习的动力不足。所以，教师要在评价的每一个环节中向学生灌输英语写作的重要性思想，让学生明确英语写作的必要性，把学生放在学习的主体地位上，围绕学生的实际情况展开教学。只有这样，英语写作教学才能取得成果。在对文章内容、修辞、组织结构任何一个问题作出反馈的过程中，教师要努力注意不要越俎代庖——是学生在写作，而不是教师。给学生反馈的过程更像是一个了解学生的写作意图、引导学生以最好的方式实现自己意图的过程。

（五）写作档案袋评价

  档案袋是记录学生学习和成长过程的资料，制作档案袋能记录学生的每一次进步，也能显示学生在一段时间内的学习成果，同时也能收录学生的优秀作品，起到总结学习效果、展示学习成就的作用。学习档案袋内容的制作既包含了学生的客观学习评价,也包含了学生的自我反思与成长。档案袋制作有以下几个特征:一是丰富性,档案袋要收录学生的学习进步与成就、错误与改正过程、反思与总结等方方面面的内容;二是目的性,档案袋的内容要有目的性,能反映学生的成长轨迹;三是自主性,档案袋的建立要重视学生的意见,教师和其他同学的意见只能作为辅助材料;四是发展性,档案袋制作的目的不仅是记录,更是让学生通过回顾有所收获,建立学习的自信心。

学生档案袋的建立在包含学生学习结果的同时也要包含学生的学习过程,对学生的终结性评价、形成性评价和诊断性评价都是其重要的内容。只有这样,学生才能从中看到自己努力的结果,发挥学习自主性,进而主动进行档案袋制作。此外,也只有发展性的评价才能触动学生的内心,让学生真正认可对自己的评价,启发学生进行思考。

档案袋不仅是知识的累积,也是学习过程的记录和学习成果的收集。通过翻阅档案袋,学生能够回顾自己的学习过程,做到自省和自我成长。电子档案袋的形式更加丰富多样,学生能够更加方便地记录自己所写的文章并收集有价值的评价和建议,且能清晰完整地记录文章的创作、修改评述等内容,这更加便于学生进行学习和反思。

档案袋不仅便于学生进行学习和反思,也能作为教师评定学生平时成绩的依据,有效激励学生进行自主学习。由此可见,档案袋内容的选择不仅要记录学生的学习经历和成果、体现学生进步的、有意义的文章和内容,还要记录有助于培养学生评价作品质量的能力和发展学生关于提高文章质量方法的分析性意识的内容。要时刻谨记,写作档案是为了展示学生进步的过程。档案袋建立的过程也是学生提高思维逻辑的过程。由此可见,档案袋便于教师随时掌握学生的英语写作学习状况和写作质量,为教师帮助学生制订学习计划、有重点地提高写作技巧和能力提供了参考资料。

(六)写作自动评价系统

写作自动评价系统是基于计算机技术发展出来的对文章基本的语言特征进行评价分析的电子系统。写作自动评价系统萌芽于 20 世纪 60 年代,当时的美国首先开始使用这样的系统。到了20世纪90年代中期，随着人工智能技术的革新，这一系统的各个模块都发生了质的变化，更添加了新的智能语言辅导系统，写作评价系统也更加准确和智能。起初，写作自动评价系统只是被用于大型的水平考试的作文评分，经过技术的革新，写作自动评价系统也在评价深度、评价广度和智能化等方面有了长足发展。它不仅可以对作文进行打分，还能给出符合一定逻辑的分析和评价。现在的自动评价系统还能提供词语检索、语句检查等工具，便于学生展开写作。因此，写作评价系统能成为教师和学生进行英语写作训练和课后总结探讨的有效辅助工具。

在以往学生进行写作练习的过程中，教师往往由于时间精力有限，很难对每个人的作品做出精准且详细的评价，长此以往，部分学生得不到学习的反馈，其学习积极性就会受到打击。自动写作评价系统则能很好地弥补教师在这方面的不足，也能提高学生的学习热情，培养学生的学习自主性。

但是教师和学生在使用这个系统时，也要注意其运用方式和运用时机。教师要将写作自动评价系统与现代英语教学有效结合，并不断研究和开发其新的使用方式，让其真正优化教学效果。此外，写作自动评价系统不能完全替代教师和学生的评价和反馈。且由于教师和学生对计算机知识了解程度的局限性，许多高校的师生并不了解也不信任写作自动评价系统，而有的高校更是由于经济问题根本无法使用这种系统。由此可见，电子信息技术所衍生出来的各种教学辅助系统要想进入课堂之中，会牵涉到多方面的因素，教育技术的引进往往意味着教学的全方面革新，而教师教学理念的变化则起着重要的引导作用。

现代教育技术的引进从表面上看是技术层面的问题，但究其内涵，它意味着一场牵扯到使用者理念、认识、方法和行为等方面的系统变革。既然是变革，它必然受到现有体制、条件和人的因素等方面的制约。当然，现有系统并不完善，会让自动评价系统应用面临更加复杂的局面。最直接原因是教师的写作教学理念不同，对教育信息技术的认知程度、期待值和态度也不尽相同。作为教学主导的教师，面对教学上的变化，应该如何合理有效地引导学生成为关键。一方面自动评价系统必然为教学带来了便利，它能解决高校教师面对大量学生精力不足的问题，让教师投入到教学改革和研究以及对学生的更为具体的学习关怀中去；另一方面，自动评价系统本身有其局限性，如何让学生正确使用该系统并有选择地接受其评价中对自己成长有力的部分，以及如何让教师合理利用该系统将其教学优势发挥出来，都是高校英语教师及相关教研人员需要思索和研究的问题。

二、基于网络的英语写作教学的评价特点

（一）师生之间动态交互性增强

网络平台的构建打破了传统模式下师生和生生交流的地域和时间的制约，让学生能够自由与他人进行交流。可见网络为多元评价模式提供了技术支撑。在网络信息技术的加持下，学生能够通过浏览网络上的各类信息资源，迅速获得写作所需的资料和素材，快速完成写作任务。

（二）学生主体地位提升

随着网络平台进入学校课堂，学生在课堂上的主动性也越来越凸显出来。教师也越来越重视学生的自学成果，学生通过信息技术手段分享自己的学习成果也成了课堂的重点内容，学生与教师之间营造了真正的协作、共创、平等、会话的教学情境。学生成了教学活动的主体，能主动参与多元评价活动，并主动推动课程向前进行，积极达成学习目标。与此同时，学习成果交流环节的增加也能让学生之间互相取长补短，将学习成果最大化。

（三）目标取向明晰、自我效能感增强

实践表明，学生在交流协作的前提下共享资源、讨论写作思路、分析写作成品更能提高学生的学习动力和学习效率，使其明确学习目标。假如学生自己制订的学习目标与教师所布置的学习任务相吻合，那么学生的学习自主性和自觉性就会显著提高。因此，教师在设置评价和考查目标时就要考虑到学生的学习特点，尽量让教学目标与学生所期待的学习目标重合。此外，教师在设计教学评价任务时也要重视与学生生活经历相结合，事实证明，当学生在学习中接触到与日常生活相关的内容或者与自己兴趣相结合的内容时，更能调动学习的积极性。此外，与生活实际相关联的学习目标也能引导学生学会在日常生活中发现可学习的点，

做到时时学、处处学,增加自我效能感。

学生的学习目标取向可分为两类,分别是掌握目标和表现目标,其中表现目标又可以分为趋向表现目标和逃避表现目标。掌握目标能让学生在学习过程中提高自主性和积极性,也能让学生在教学阶段完成后能够有毅力继续自主深入学习相关知识并不断优化学习方法。而持有表现目标的学生往往只重视课上学习的成果和表现,缺乏继续学习的方法和动力。

学生的学习动力受教师评价的影响很深,如果教师在进行评价时只重视学生作品的表现而忽视学生的完成过程和完成思路,这本身就是引导学生只建立表现目标,会打击学生的学习自信心。因此教师在设计评价任务时,应当设立清晰的评价目标,并让学生在完成评价目标的同时也能重视学习过程,将自身的学习期待与学习目标结合,提高学生的学习兴趣,挖掘学生的自我效能感,并让学生出色地完成学习目标。

(四)写作评价多样化

写作不是空中楼阁,教师要引导学生将写作与生活实践相结合,将课本所学知识与生活的方方面面结合起来,提高学生灵活运用知识以及从生活中挖掘写作素材的能力,锻炼学生的写作思维。因此,教师在设计教学评价的时候也要结合多角度评价,运用多种评价方式,避免僵硬地将学生分级。写作评价的多样化技能可以让教师全面了解学生的学习状况和学习需要,也能挖掘学生的优秀之处,帮助学生建立学习信心。此外,多样化的评价也能帮助学生开阔视野、拓宽思路,学会全面分析和理解写作主题,进而其语言和技巧的运用也就更有目的性。

多元评价的过程使学习者同时扮演多重角色,具有不同角色体验,避免错误的重复发生,使作文更具可读性。面对自己和他人的作文,学生既是作者和修改者,又是读者和批评者。多元评价系统的构建让学生在阅读者和评改者之间不断转换,增加了学生在评价学习过程中的不同体验。学生、作者总是在写与读之间转换,从一种体验迁移到另一种体验,这一过程将促进他们对写作中客观事物、自我世界和读者多重关系的领悟和把握,并帮助其建立有效的他评和自评的手段与标准,使写作任务更现实、更具交际性。学生拥有这些体验就能在创作过程中加深对客观事物的理解，充分把握自我表达与读者关系之间的和谐统一，提高自身作品的可读性。

多元评价模式综合了许多具体评价方式，学生能在评价过程中接触大量英语写作素材，而在评价他人作品的过程中学生不得不加深对作品主题和结构的思考，这样也对学生练习英语写作有很大的帮助。不断讨论、反思和再理解的过程也是学生练习学习策略，特别是认知策略、元认知策略、社会策略和情感策略，以及提高写作能力的过程。

第三章　网络环境下英语写作教学改革的理论基础

基于网络环境，英语写作教学的创新与改革需要一定的理论基础。本章内容为网络环境下英语写作教学改革的理论基础，具体介绍了英语写作教学改革的理论及启示、英语写作教学法以及网络环境下英语写作教学改革思路。

第一节　英语写作教学改革的理论及启示

一、建构主义理论及对写作教学的启示

（一）建构主义理论概述

建构主义是一种关于知识的来源、学习的本质的理论，其形成与多种哲学、心理学理论和其他社会科学思潮的影响有关。就现当代而言，杜威的以经验为核心的教育哲学思想、皮亚杰的认识发生论、维果茨基的社会历史发展理论是建构主义最重要的思想来源；早期布鲁纳的认知结构理论、Kelly（凯利）的个人构念心理学、Kolb（库伯）的体验学习论等也从不同侧面丰富了它的内容；后现代思潮、语言分析哲学、社会人类学、科学哲学、知识社会学等新兴理论都不同程度地影响了建构主义的思想体系。由于理论来源不同，建构主义显然不是一个单一的理论，而是一个理论群，包括激进建构主义等。

现如今，在多媒体与网络技术迅猛发展的深入影响下，建构主义学习理论正日益显示出其巨大的生命力。建构主义强调以学习者为中心的教学设计理念，注重培养学习者自主探究的意识，倡导"协作""会话"等新型教学方式，使课堂

教学发生了巨大变革。近几年，虽然建构主义学派林立，但它们对学习观点有以下几点共识：

第一，学习就是学习者积极构建内部心理表征的一个具体过程，学习者必须借助外部信息源进行意义构建。学习是学生依据的外在信息并通过自身背景知识与经历进行的自我建构过程。学习过程不仅是认识世界与改造世界相互转化的过程，也是个人与他人相互作用、相互影响、共同发展的动态过程。学生在认知活动的过程中占主导地位，教师在学生的学习过程中充当着帮助者、促进者和引导者的角色。因此，学习就是学习者以已有知识为基础，利用新情境下获得的各种信息进行加工处理，构建起认知结构的过程。学生在知识中的意义构建是个螺旋式上升过程，学生的认知结构决定着他能否主动地构建新的知识结构。

第二，学习过程为双向建构。建构是指学习者从已有的认知结构出发，通过同化与顺应获得新知识或发展能力。建构一方面表现为新信息意义的构建，也就是利用原有经验，将提供的信息所超越，在已有经验基础上重新建立一种与之相联系的新知或图式。另一方面，它也包含着对原经验的转化与重新组合，这就要求学习者必须具备一定的能力，如理解、记忆等，并能将其应用于实践中去，从而促进自身的发展。

第三，学习有社会性。知识不是一个孤立存在的个体，而是与一定的社会关系相联系，并以一定形式表现出来的群体或组织。知识构建于人类社会的范围，并不断进行着转化与改造。由此可知，学习不是一种孤立存在的现象。

第四，学习有情境性。情境性是指学习不是孤立地存在于环境之中，而是与其他因素一起构成一个动态系统。学习是在实际学习任务下进行的，真实的学习任务能够使学生对学习内容有更深刻的理解和掌握，原因不仅在于真正的学习任务有助于调动学习者学习的主动性，客观活动为个人建构知识提供了重要来源。

社会建构理论认为，学习虽然是个人对自身知识与认识的构建过程，但其更加关注这一建构过程中的社会层面，尤其强调了学习者在认知过程中所处历史文化背景的影响和作用，继而认为主观和客观的知识，两者之间互相交融和促进。教学设计要符合人的认知规律，人类内部心理活动不能脱离其外在行为和社会环境，人们的社会结构与心理结构互相贯通、互相渗透。个体的知识结构也不是一成不变的，它随着社会实践活动的不断深化发生着变化。人类的心理发展是社会和个体的，个人知识建构过程和社会共享认识过程无法割裂开来，应该保持密切的联系。个人主观世界与社会互相关联，知识存在于人类社会的范畴内，是由个体之间的互动以及他们自己的理解过程构建起来的。

　　社会建构主义除了对社会性客观知识在个人主观知识构建过程中的中介作用非常重视以外，也比较关注社会微观、宏观背景，与自我内部建构、信念和认知的互动作用与影响。社会建构理论在教育研究上也得到了广泛的运用，尤其对教学实践具有重要的指导作用，它的要点可概括如下：个体和社会彼此关联，不可分割；知识主要来源于社会构建；学习和发展是一种富有意义的社会协商；文化与社会情境对学生认知的形成和发展具有重要影响，它包括家庭环境、学校教育以及社区环境等三个方面。文化与社会情境对幼儿认知发展有很大影响。此外，社会建构主义把社会置于个体之上，强调知识的社会文化来源，关注社会交往对学习的影响；强调共同体的作用，认为共同体是个体意义存在的前提或载体，个体合理性依赖于社会团体而存在；把合作或对话的过程看作是教育的核心。①

（二）对英语写作教学的启示

1. 社会协商是个体发展的主要媒介

积极建构协作社群，为学生学习提供一个"社会群体"，有助于推动学生个体知识的建构与发展。

2. 教学必须致力于学生潜力的开发

"最近发展区"是教学和发展内在联系的反映，着重指出教学一定要致力于发挥学生的潜能。教师要以一种积极的态度关注每一个个体的发展，促进每个人都能获得良好的发展。学习与发展就其本质而言，具有社会性，知识与意义构建是在社会性情境下进行的，因此，教师要让学生通过自己的努力去实现自我价值。教学的使命是帮助学生最终能在没有别人协助的情况下，自主地完成自己的任务；让每名学生都能获得充分发展，使他们成为具有高度创造性、独立性以及对周围世界充满兴趣的人。学习在"最近发展区"，努力向增强能力与自主性方向发展。

---

① 麻彦坤，叶浩生. 维果茨基最近发展区思想的当代发展[J]. 心理发展与教育，2004（02）：45-48.

"搭建脚手架"是提高课堂教学效果的一种有效途径。所谓"搭建脚手架"是指在学习实践过程中，专家充分依据低分组学生反馈的信息，对低分组学生开展有针对性技能训练的一个动态过程。"搭建脚手架"可以促进低分组学生获得新知识、建立新概念，也有助于他们更好地理解同伴间关系。当低分组学生和有能力、经验的人，在某一共同任务上相互协作或沟通时，相应的学习效果最佳。由此，"搭建脚手架"是促进教师专业成长的一种有效策略。"最近发展区"由专家和低分组学生交互构建，被用来保持经由"搭建脚手架"所产生的"他制"与"自制"行为的协调。

3. 在教学实践中要削弱权威

由于"权威"为社会所给予，若经有关社会团体批准与认可，谁占了这个地位，谁就有可能是教学的权威。在教学时应重视对话者之间关系的激活，必须让学生参加到谈话之中，使学生由被处理对象向主体转变，使其具备大量的学识和知识；需要不断地从外部环境中注入新能量，以具有实践意义的话题来开拓和发展对话的内涵，欢迎多元声音参与教学实践之中。

二、情境教学理论及对写作教学的启示

（一）情境教学理论概述

知识的情境性决定了知识是一种活动、背景和文化中的部分产品或者产物。情境化教学是指以问题为中心组织教学活动。知识是通过情境的活动发展起来的。要重视实践共同体的研究、学习与探索，并对人类在构建实践共同体中的作用进行重点强调和突出。要以"情境"为核心构建新的课程结构，使学生能够体验到真实情境的意义与价值，从而提高他们对世界的认识能力。

学校教学当中存在抽象化、去境脉化的问题，为了有效解决这些问题，教师必须创设一个真实的情境。传统课堂讲授，因为不能提供实际情境所具有的生动性和丰富性，无法将学生的想象力激发出来，难以提取原有知识经验，因而使学习知识的意义建构产生困难。所以，理想的学习环境应当包括真实情境这一要素，并强调学习中的互动与协作，强调社会文化环境的作用，强调学习的真实语

境，以及学习者构建知识的主观能动性等。在教学中应尽量为学生提供适合写作练习的"实践共同体"，即有利的教学情境，如课内协作学习情境及课外协作学习、活动的机会与平台等。

（二）对英语写作教学的启示

1. 强调真实性活动情境的创设

真实性是情境学习的关键。情境化教学是以问题为中心组织教学活动的。学习任务一定是真实和复杂的，力求将实际生活表现出来。问题解决并不是要找到唯一答案，而是鼓励学生从不同的角度考虑问题，努力寻找不同解决办法。评价应关注学生对知识掌握程度及应用技能的发展水平，注重与教学内容相关的背景材料。评价应该以发展为目标，促进学生获得新知识和新技能，形成良好情感态度价值观，提高其综合素质。评价的目的是考查学生的解题能力，所以，评价一定要纳入学生解决问题或者完成作业的过程中去，并且不仅要具有真实性，还要具有一定的非静态性。

2. 强调参与性学习活动的设计

就情境学习而言，学生主体地位能够从主动参加活动中体现出来。教师在教学过程中要善于创设真实情景，使学习者通过对现实世界和自己经验的分析与判断来发现并提出相应的假设或猜想。学生可围绕需要共同完成的一个问题或者一个任务，采用合作学习小组或者共同体等方式，在互相交流、磋商的过程中开展深入的学习，并且学生可以通过参与讨论，发现规律，提出自己的观点和看法。除此之外，学生能够深入社会实践之中，和专家之间建立密切的关系，在与专家相互交流的过程中不断完善自身的知识体系和结构，准确把握解题策略，不断增强在思维方面的能力，这也能使学生从"要我学"转变为"我要学"。学生在表达的过程中，可以形成明晰的知识结构，通过对解题过程的思考，他们会对经验与办法进行相应的总结和概括，这种自主探究式教学使教师从被动灌输变为主动引导，从而达到培养学生创新意识和创新能力的目的。所以，在设计情境学习的时候，教师要创设和提供机会，使学生亲身体验、用心体会，并使学生从亲身体验的角度去认识知识，培养和发展学习能力。

3. 强调指导性教师活动的设计

教师在情境学习中一定要起到正确的指导作用。教师应该为学生创设真实、富有挑战性的情景，使他们能充分投入到学习过程中来。教师要从学生的认知特点、年龄特征出发，设计适合他们的任务、问题或者作业，并且为他们提供大量学习资源，搭好"脚手架"，助力学生缓慢接近设定的目标。教师的引导力度应适度，同时具有一定的针对性，随着学生能力的增强而逐步下降。

三、任务型教学理论及对写作教学的启示

（一）任务型教学理论概述

教师可以引导学生进行探究式学习、合作式学习以及自主探索学习，让学生在体验成功的喜悦中获得自信，从而培养学生主动参与意识。

所谓任务型教学，概括地说就是"用语言做事"的语言教学方法，并将语言应用这一基本理念内化为特定实践意义上的教学方式。运用语言办事时，学习者总是处在主动、积极学习的心理状态，任务参与主体间的交流过程，同时又是一个互动的过程。学习者会通过运用一定的学习策略实现特定的目标，为完成使命，学习者会关注"意义"并以其为核心，尽最大努力动员多种语言及非语言资源，共建"意义"，从而实现某一交际问题的最终目标。任务式教学法强调学生作为一个整体参与到整个教学活动中来。任务完成的过程，催化和促进着学习者对语言进行自然、富有意义的灵活运用，可以创设一个利于学习者习得以及内化的支持环境。因此，任务型教学法被认为是一种有效提高学生综合英语运用能力的方法。任务型教学中的"任务"，在不相同的时期，研究者们从多个角度和层次对其进行了不同界定。在外语教学领域内，"任务"是指学生根据自己的学习需求或目标，利用一定时间自主选择、设计并实现的具体活动。其中，斯凯恩（Skehan）较为客观、全面地介绍了"任务"。他提出任务具有五个主要特征：第一，意义是首要的；第二，要解决特定交际问题；第三，与真实世界中类似的活动有一定关系；第四，完成任务是首要的考虑；第五，根据任务完成情况进行评估。[1]

---

[1] 斯特弗·盖尔. 教育中的建构主义[M]. 上海：华东师范大学出版，2002.

任务型教学首先出现于外语教学领域中，之后在哲学、社会科学领域最新理论的指导下，得到了持续地发展与成熟，它对外语教学有重要的指导意义和作用。

（二）对英语写作教学的启示

第一，英语写作教学要遵循互动性原则、语言材料的真实性原则、过程性原则、重视学习者个人经验对学习的促进作用原则以及课堂语言学习与课外语言使用相关性原则。

第二，英语写作教学需要将学习过程中的互动性重点突出出来。写作任务应具有一定难度，以提高学生写作能力，设计的时候应联系学生实际生活，借此激发和调动学生学习英语的兴趣，推动主动认知参与，使其自主学习。在任务的帮助下，要向学习者供给与教师、同伴和学习客体之间的交流互动与意义协商的机会与条件。

第三，英语学习要重视利用目的语进行交际；尽可能营造真实的语言环境；教学中所设计的教学活动要能够使学生不仅关注语言形式，还要关注语言学习的过程；重视学习者个人经历；将课堂语言学习与课外语言激活相结合。

四、奥苏贝尔教学理论及对写作教学的启示

（一）奥苏贝尔教学理论概述

奥苏贝尔教学理论的中心问题，即意义学习，他认为意义学习是以新旧学习材料的衔接为前提的，并且他根据学习材料性质、学习者理解程度，把"学习"分为两种不同的类型，分别是"机械学习"和"意义学习"，其中"机械学习"指对彼此没有意义联系的系列材料进行研究，或者学习者没有了解材料间意义上的联系；"意义学习"是通过对学习材料意义联系的认识来把握学习内容。意义学习的实质是符号所代表的新知识与学习者认知结构中已有的相应知识、观念建立实质性和非人为的联系。[①]

为了达到意义学习的目的，学生可通过两种截然不同的方式或手段来实现：一是接受学习。接受学习的基本特点是将学习内容用定论的形式教授给学生，学

---
① 钟启泉，高文，赵中建. 多维视角下的教育理论与思潮[M]. 北京：教育科学出版社，2004.

生不必自主地去寻找学习内容中的关联与特点，仅需在对学习内容理解与记忆的基础上，将学习内容概括到自身认知结构中去就可以了。因此，接受学习具有很强的主观性；二是发现学习。发现学习的本质特征是在教师指导下，学生通过主动探索获取知识的过程获得新知识，所学知识并没有现成展现在学生面前，需要在他们内化以前，自主寻找和发现这些内容，并且有意将其融入自身的认知结构当中。

新知识只在与已有认知结构相关概念相联系时，才可以得到有效的学习、研究与保持、维护。假如新知识和原有认知结构之间存在着严重冲突或没有关联，则无法很好地吸收与维持。因此，要想使学生更好地理解所学内容，并提高学习效果，就要帮助他们建立一个完整的认知结构。另外，为了进一步推动学习者更好地学习新知识，教师在教学的时候须将学习材料加以编排整理，并以恰当的形式将其展示在学习者面前，以不断强化学习者原认知结构内相关概念和新知识之间的关联。

其中，逐步分化原则与整合协调原则，被用来说明新知识怎样融合于学习者认知结构的原有观念之中。逐步分化是指首先应提出最根本的观念，接着又逐步将之详细化、具体化；所谓整合协调是指要自觉地将新知与已获得的知识相联系。这种逐步分化和整合协调的过程可以帮助学生理解并建立一个完整、清晰的知识结构体系。要切实贯彻落实"逐渐分化""整合协调"的各项原则，具体运用策略是先行组织者，即先以某种形式给学生呈现一些有代表性的学习材料。先行组织者是学习任务启动前的引导性材料，它可以使学生明确该如何进行学习活动并将其作为一个整体来看待，从而有助于他们对先前经验的理解和记忆。先行组织者相对于新学习内容而言具有较高层次的抽象性、概括性以及包摄性。通过先行组织者的引入，教师能够让学生明确学习目标，理清新旧知识点之间的关系，建立完整的知识结构。先行组织者对学习者学习的促进作用主要有以下两个方面：一是将原有概念激活。人对事物认识的过程就是一个不断建构新知的过程，先行组织者能够将学习者认知结构原有的知识概念唤醒，并且激活理念，为建构新知提供依据和基础，它架起了学习者"已经知道"与"需要知道"知识间的桥梁。二是提供"脚手架"。"脚手架"是指由学生自己搭建的支架式网络。先行组织者可以给学习者提供学习新内容的"脚手架",由于其中包含了各类知识的基本原理,它可以促使学习者对新知识间的联系有更加明确的认识和清楚的理解。

（二）对英语写作教学的启示

1. 学习内部动机的激发

只有学生学习源于他们的求知需要,学习才可以长久,即当学生内部动机被充分激发和调动起来时,学生的学习才可以持久。在网络教学环境下,教师应充分重视对学生学习动机的培养。教师在网络课堂合作的知识构建方面,必须先弄清学习者的不同要求,再按要求和课程教学的内容、目标等,打造多种情境,从而有效将学生探求知识的愿望、探索的心理倾向激发出来,推动学生有意识、独立自主地学习。此外,教师在教学时也可采用任务驱动策略,也就是设计出的学习任务和学习者实际需求密切相关,推动学习者通过任务过程中的学习和研究,使自身的实际需求得到充分的满足。

2. 外部动机的激发

寻求成功的情绪体验,是我们人类的一种精神需要,儿童或者学生更是如此。教师必须重视对学生学习信心和兴趣的激发。尊重、肯定、赞许和鼓励从某种意义上看是对学生最大的信赖和信任,信任正是学生自信心发展与培养的先决条件。教师在课堂上要善于利用表扬和鼓励来激发学生积极思维,使其产生强烈的求知欲,从而促进他们积极主动地参与到教学活动中来,以获得较多知识,发展智力水平和创造能力。这样一来,肯定和鼓励就很自然地成了教与学中都要考虑到的一个重要的情感因素。肯定是接受、认可与承认学生的成绩,也是满足学生感受成功快乐的乐趣,是提高学生学习积极性与主动性的一个好途径;鼓励是对学生在学习活动中因失败所产生的心理感受的肯定,它能使学生保持旺盛的求知欲和高昂的热情。激励有推动作用,可以推动学生奋发向上,使学生在学习中找到自我,持续地得到学习预期上的满足。

因此,教师要在课堂教学中善于运用肯定和激励的艺术来激发学生积极思维,调动学生学习兴趣、增强学生参与意识,使他们真正感受到自己是学习的主人。

在教学中教师应该尽量多给学生肯定和赞许，让他们感受到自己有能力获得成功，从而激发出学习兴趣。学生不仅重视对个性的尊重，还非常关注对学习能力的认可与肯定，也更加渴望受到鼓励或者表扬。当他们觉得自己的学习成绩不错时，就会产生一种成就感，这一良好的心理情境，有利于学生满怀激情，孜孜不倦地把自己投入到今后的学习之中。因此，如何激发和保持学生学习英语写作兴趣是非常重要的一个问题。教师以网络为载体开展英语写作教学时，一定要善于挖掘学生身上的"闪光点"（优点、特长等），及时反馈和评价学生在学习期间的表现、成绩和结果，只有这样才能促进学生不断反思自己的学习活动，进而提高他们的语言运用能力。这些反馈和评价并不是"好"或者"不好"这几个字能够形容的，而是一定要针对学习者本身的实际学习状况，进行相应的激励、鼓励或者肯定，从而形成一种动力，促使学生积极主动的学习。

3. 接受学习与发现学习的结合

"意义学习""接受学习""发现学习"是学校中最为有效的学习途径，它们都是意义学习得以实现的方式。意义学习是以认知为基础的学习，其关键是新的学习内容能否和学习者认知结构中原有的观念相联系，若有则意义学习就会发生，并且学习结果就是形成的认知结构。认知结构是指知识系统内部各要素之间相互联系、相互作用的关系以及这种联系所构成的整体特征。很显然，一个好的认知结构为学习提供了条件，更是学习和研究的成果。因此，在英语教学实践中要重视对学生进行积极地认知建构过程的训练。英语教师在以网络为载体开展英语写作教学的时候，应该着重强调把接受学习和发现学习融为一体，促进学生形成认知结构。英语教师可基于教学目标，分别筛选出适合接受学习与发现学习的有关内容，并运用不同策略进行设计、整理和组织。

4. "先行组织者"策略的设计

学校学习对零散知识的掌握与记忆太过强调，致使学生不能真正地认识知识间的组织与关系，很难收获意义学习的好效果。因此，英语教师应尽量先教授学生，学科中最大包摄性、概括性以及说服力的理念与原则，便于使学生能够整理、组织与综合后继学习内容。在开展以网络为载体的英语写作教学时，教师可借助多媒体形式，如文本、声音等，向学习者简要介绍新知识，其中要蕴含和已学且掌握知识之间的关联。这些信息能让学生从不同角度了解自己所学过的东西，还有助于他们更有效地进行概念学习和意义建构，从而激发学生对以往知识的巩固，帮助和促进学生把新知重新整理到自己认知结构中的原有概念体系中。

五、外语学习语境补缺假设理论对写作教学改革的启示

（一）外语学习语境补缺假设理论概述

外部环境尤其是学校教育对学生的心智发展起着重要的作用。对于智力发展水平相近的学生，采取不同的教学模式，在不同的环境中学习，就有可能取得不同的智力发展效果。地方院校的大学英语学习，受制于汉语大环境的影响，尽管近二十年来学习英语的环境氛围变化很大，但是外语环境的千变万化，并没有从根本上改变我们是在汉语环境下学习英语的属性。母语思维方式对英语学习的影响可以说无孔不入、无处不在。当前大学英语非英语专业的学习现状仍是不能令人满意的。将语言和语境知识融合在一起，是正确、流利运用语言的先决条件。为了使学生能够有效地进行意义建构，教师应帮助学生从整体上把握所学知识。因为外语环境严重缺乏与外语表达方式相匹配的真实语境，在外语的理解、习得以及运用等环节中，脑内母语语境知识会干预或者介入补缺，继而将母语表达式激活，由此产生母语迁移，对外语学习产生一定的影响。补缺实际上就是通过对已有语境信息的加工处理或重新编码，补充新出现的语境信息，以使交际双方能更准确地理解并运用话语所表达的意义。补缺并不意味着因为外语表达缺失，就用母语结构所代替，替代的出现或者发生从某种意义来说是语境知识补缺下的产物。现实的语境会让我们看到什么样的语言结构来自本地人，从而可以约束规则和其例外的运用。长期大量的语言接触有助于培养这种语感。在理想的情况下，语言形式理应在自然的语境中学习。不能获得这种条件，也要设法利用多媒体手段，间接获取真实的语境知识，以促进学生的英语学习。

（二）对英语写作教学的启示

第一，充分利用网络为大学英语写作学习创设了丰富的输入环境，立体的、

真实的语境可以帮助学生建构容易理解的语言信息和语言文化图式的输入。

第二，在英语写作过程中，学生如果不掌握大量的一般词语的搭配，要想达到流利使用的水平是不可能的。词语搭配能力是语言学习者的核心，直接关系到学生写作思想表达的流利和准确程度。

第三，教师要在网络自主学习过程中为学生创造大量的、可理解的语言输入机会。多样化的语言输入可以为学习者提供足够的接触语言的机会，是提高大学英语写作教学质量的先决条件。

第四，提高英语写作教学质量的关键因素之一在于能够推动学习者对语言进行深入加工。学生书面表达能力差的一个重要因素是他们对语法、句法的掌握还停留在表面上，没有理解句法、语法深层次的意义和功能，还需要更多的写作练习和指导，才能够在书面语言中灵活运用，形成衔接、连贯的篇章。教师要利用各种任务和活动为学生创造输出机会，对学生的输出提供恰当的反馈。随着学生语言水平的提高，他们的语言准确性与流利性都会得到提高。大量接触或使用语言有助于促进语言各层次以及情景语境的互动整合。

第二节　英语写作教学法

一、英语写作教学法的流派

（一）历史回顾

1. 西方写作学派回顾

西方写作教学发展比较早，研究也相对比较成熟，由此产生了各种流派，并且各种流派观点各有侧重，又有优劣。祁寿华认为，西方修辞学是西方写作理论的基础。从亚里士多德的《修辞学》到现代西方修辞学，修辞学的范畴得到了进一步的拓宽。[①] 西方现代修辞学随着时代的推移，已经发展至重视认识论与意识形态。修辞学是一门研究语言及其使用规律，并揭示人与社会交际活动中各种话

---

① 祁寿华. 西方写作理论与实践 [M]. 上海：上海外语教育出版社，2001.

语关系及修辞现象的科学，几乎涵盖了人类使用语言与符号进行交流活动的全部内容。

从整体上看，西方写作流派的形成具有自觉性。这类流派主要有以下几类：一是形式法。该模式认为写作过程中没有任何东西可以替代语言本身，主张将文章内在形式突出出来，尤其在遣词造句方面，其中以语法最为突出，这种方法适用于任何文体。从写作理论的角度来看，这种模式虽然早已经落伍，但是在实践中仍然盛行。这种教学法以"功能语法"为基础，把语篇看作一个整体来进行研究。二是学科中心法。这种方法突出修辞、逻辑和语言，运用不少优秀范文，其目的在于引导改进逻辑、语法等方面的正确表达。在研究方法上，其主要采用了比较分析法和例证研究法等，旨在引导学生在各种学科环境之中相互协作，熟悉和把握各学科的写作环境，尤其是规范。三是现时——传统法。其对写作行为的产品非常关注，强调对语篇的层次分析和解析。这一方法虽然重点强调形式和内容的相统一，但是在实际工作中经常注重形式，所以其本质上与形式法基本相同。四是修辞法。这种方法强调修辞者、读者、语言三方面的联系，对创造进行重点关注，把生成视为问题解决的一个具体过程，这种方式对西方的写作模式并没有太大的影响。

2. 国内写作研究综观

从整体上看，国内英语写作的理论和实践基本上可以划分为两类：第一类是为了迎接高校英语的四级和六级考试、研究生入学考试、托福考试及其他旨在应试英语写作的理论与实践，以向学生传授语言知识、培养阅读能力、训练写作能力、提高口语表达能力为目的的非应考性英语教学理论和实践；第二类是旨在不断强化英语写作实际水平的理论与实践。这两类不同性质的写作理论都有自己的特点，其差异是显而易见的，即应试之著作仅为应试之形式，既提供简易写作方法，又提供相关写作范文，内容通俗易懂且方法简便实用，这类作品一般存在着深度和系统性缺乏的问题，理论指导性相对较差。因此，在教学中，教师必须注重对学生进行全面深入的训练，使其掌握基本的技巧，形成自己独特的风格，从而达到学以致用的效果。第二种类型是旨在提高英语实际写作水平的理论与实践，在系统写作理论的正确引领下，用实际范文做参考，以分析问题引导写作，比较有代表性的有丁言仁、蔡基刚等。

综观国内英语在写作理论方面的研究情况，可以分为三个流派：一是结果法。它是从下往上，立足句子层面的写作，虽然注重培养学生的阅读理解能力、语言组织能力及语言表达能力，但忽视了对语篇结构的分析。该模式突出学生遣词造句的能力，要求强化句子组合的同时，也加强在语法方面的练习，简单来说就是以句子为出发点，到段落的展开，一直到篇章完成的过程。该模式在国内英语写作课中应用比较普遍，其优点在于能够帮助学生在短时间内掌握大量信息，提高他们的写作能力。二是过程法。它是从上至下，立足于篇章层面的撰写和写作。在整个学习活动中，以文本为中心，通过对文本内容和结构的理解，使学生获得意义建构能力。该模式注重学生思想构建，以篇章为出发点，让学生通过创造、联系和整理，使上下文中达到一致连贯的具体过程。因此，在该模式中，教师工作的焦点与重点是学生的写作过程，以培养和提高学生的写作能力为目的。过程法教学活动就是让学生去想、去写、去改、去重新想、重新写、重新修订的反复过程。三是体裁法。它是指以对语篇进行体裁分析为前提，即将体裁及体裁分析的理论有意识地应用于课堂教学，并围绕语篇图式结构开展与其相关的教学活动。

（二）国内主要流派的比较

1. 结果法的优缺点

（1）优点

结果法能够增强学生在语言方面的能力，最大程度的弱化或消除母语对英语写作产生的影响，让应试写作水平得到快速的提升。此外，结果法也便于课堂活动的操作，学生易于入门和产生成就感，从而可以提高学生英语写作自信。该模式在国内使用也比较早和广泛，教材与教学的研究也相对成熟，无论是教师还是学生，都能很方便地查找参考资料。因此，这种教学模式符合目前高校英语教学发展要求，有利于培养出更多具有综合素质的应用型人才。

（2）缺点

结果法的不足是过分重视文章句式，即便是好的句式也不能代表文章思想性与整体结构的出色,且在忽视了学生真正的写作能力的同时,也忽视了篇章应该具有的思想性、可读性与文体风格。教师与学生缺少沟通,学生的创造性受到了压抑,与二语习得规律不符。

2. 过程法的优缺点

(1)优点

过程法可以让学生写作能力得到快速提升,促使学生充分发挥创造性,既提高文章可读性,又增强其思想性。教师与学生的沟通能够将学生学习英语的热情激发出来,从而进一步加强学生书面交流的能力。这种方法易于使学生英语写作水平达到一个更高的层次,与第二语言习得的规律相符合。

(2)缺点

过程法忽视了对学生语言能力的培养。在学生写作的过程当中,因语言障碍过多,易出现写作障碍,学习效果的进步并不显著。因顾此失彼,学生易失去学习英语的自信,从而给学生应试写作带来一些影响。除此之外,教学过程也要求有一个相对优越的教学环境,要求有高素质的教师把关。

3. 体裁法的优缺点

(1)优点

它可以让学生明白,写作是有章可循的社会交往活动,是人们认识客观世界、参加社会活动的工具和方法之一。为了提高学生的写作能力,教师要根据实际情况制定相应的教学计划和教学方法。从长远发展的层面来看,它能培养学生创造性的思维能力。

(2)缺点

体裁法的规约性使教学活动带有"规定主义"倾向。教师自身若在想象力与创造力方面缺乏,就会让学生觉得该教学法机械和乏味,最终结果是学生写出来的文章"千文一面",不利于提高学生的写作能力。与此同时,体裁法会使课堂教学呈现出以语篇为主的趋势,教师易偏重于语篇的叙述与再现,严重忽略了创造性语言操练活动。因为体裁类型非常复杂,课堂教学很难用尽学生在今后人生中可能会接触到的体裁,所以体裁法在写作课教学方面有一定局限性。

二、当下常用的大学英语写作教学法

(一) 过程写作法

1. 过程写作法概述

所谓的过程写作法,是西方教育系统中比较盛行的写作教学方法之一,以交际语言教学为主。

过程写作法重视写作过程,轻视写作结果。过程写作教学法强调师生之间的互动,从而提高学生学习英语的兴趣,增强学生对文章内容的理解。这一写作教学方法旨在使写作过程始终处于两个联系合作关系之中,即学生与学生或教师与学生。过程写作法中所强调的师生互动,也就是师生之间的沟通与交流,它可以提高学生写作水平,增强其学习兴趣和自信心。教师在创作过程中主要负责对学生进行正确的指导性教学,帮他们选好课题、甄别信息、聚焦中心、拟好提纲、激励成文。在写作之前,教师需要做好大量准备工作。从过程写作法的角度看,在学生动笔之前进行引导,会对学生是否写好第一稿产生非常直接的影响,所以这非常关键。另外,写作教学也能使师生之间形成一种良好的互动关系,从而促进教学质量的提升。传统写作教学法多关注学生写作成果,只有学生写完之后,教师才会加以引导,这种方式对于学生写作文章而言,只具有评价功能,且无引导之功能。

重写是过程写作法教学当中最本质、最必不可少的关键一环。学生在写作文时,教师应帮助修改结构和词句,写完第一稿后再次修改和重写,这样不断重复,直至最终定稿。这样循环往复的不断重复能够使学生们对写作有一种新的认识,从而激发了他们学习英语写作的兴趣与信心,提高了英语写作能力。在这个反复修改和反复改写的过程中,学生能实践和掌握多种写作的技巧。

2. 过程写作法在大学英语写作教学中的应用

首先,过程写作法注重对写作过程的科学引导。按照过程写作法,可将写作全过程划分为写前、写作与修改三个阶段。第一,写前阶段老师要给出预先确定的作文题目,让学生在已知课题的基础上,认真思索,一边做大量的阅读,一边按照写作主题对有关内容与资料进行广泛地收集,再经过分组讨论,互通有无、各抒己见。教师在学生分组讨论的时候，要让学生把讨论重点记下来，并且按重点列提纲、打腹稿。这一写作方式有助于调动学生写作的积极性与主动性，可以开阔学生思路。第二，写作是过程写作法的核心阶段。学生在这个环节中，应该把打好的腹稿转化成文字，形成初稿。这一阶段，需要学生暂时撇开技术性的问题，如语法句式、用词是否得体等，仅需关注于完整地表现内容，顺畅地产出中心思想。写作时，教师可引导学生从多个角度观察生活、分析事物，总结出一些规律性的认识，为接下来的文章修改提供思路。教师也要告诉学生，写初稿就是思维创造的不断重复，还需继续修订，一直写到完成初稿。教师通过这样的方法，可以提高学生独立分析问题和思考问题的能力，培养其独立思考、勇于实践、勇于创新的精神。初稿写好之后，教师与其他学生作为读者仔细研读初稿，并进行及时地反馈，根据初稿内容与结构，提出具体建议与设想，这有助于发现问题、解决问题。当提出建议和发表意见的时候，教师也要肯定学生的初稿，从而进一步提高学生自信心。教师还可以引导学生根据自己的思考，写出一些有创意、富有启发性的文章，让学生在欣赏中获得乐趣。第三，修改为最后一个阶段。通过修改，学生可以使文章更加完善，达到预期效果。根据师生反馈，学生应该修改初稿，明确、理清文章的主题与思路。学生在修改的过程当中，既要抓住文章宏观结构的正确性，还需要在微观细节上加以调整，逐字逐句斟酌，不断修正，以便于最后形成定稿。

其次，必须改变教学观念，使写作教学重心转移。高校英语写作教学应充分认识其重要意义，并且要认识到写作作为一项基本的技能，是整个高校英语教学不可缺少的组成部分，需有效地将英语写作教学纳入英语课的教学中。教师也要不断更新自己的教学观念，将学生作为教学的主体，运用多种方式、方法，在启迪学生思维的同时，充分激发学生学习英语的自信心，培养与发展学生学习英语的浓厚兴趣，帮助和促进学生对主题思路的厘清和明确，深入发掘题材的内容，有效拓宽其在思维方面的能力，将过程写作法教学中学生的主体地位充分展现出来。

最后，传统评阅办法有待优化、改进与完善。在传统大学英语写作教学中，教师过于强调单词拼写和语法、句法是否正确以及标点符号运用是否规范等。此外，教师由于没有给每名同学提供一篇完整的范文，也就无法使他们真正领会文章的意思，学生对中心思想是否明确、内容是否表达清楚等问题经常被忽略掉，所以学生期待的这种引导，是无法通过教师的回馈来实现和满足的。过程教学法强调以学习者为中心，重视语言交际能力的培养，这样的评阅方法致使老师花费很多的时间与精力所批改出来的作文，对提高学生写作水平并没有太大的帮助。因此，教师作为读者在过程教学法评阅时，要像看其他的阅读材料一样，合理地评价学生初稿，并且面对无法理解之处，要向学生提出自己的质疑和问题，学生要做出相应解答和订正，这样既可以使师生间保持良好的互动与沟通，又有利于培养学生独立思考、独立分析问题和解决问题的能力。另外，学生之间互评还是一种主动、高效的评阅方式，既有利于教师及时了解学生对文章内容及语言等方面的理解程度，又便于师生间相互尊重与沟通，促进彼此共同进步和发展。学生可以根据老师的反馈意见，开展分组讨论，并且结合个人见解进行初稿的互换和相互点评，提出个人修改意见。学生和学生间的互相交流创作思想的方式，能加深写作印象，避免自己作文也犯这种毛病。学生参加评阅这一途径，就是互相学习、共同进步的过程。

（二）读写循环教学法

1. 读写循环教学法概述

最近几年，外语界盛行的交际教学法主要借鉴了系统功能语言学理论。在理论方面，交际教学法主要有三个理论根源，分别为语言学根源（韩礼德语言意义系统与功能理论）、社会学根源（海姆斯"交际能力"理论）、哲学根源（奥斯丁言语行为理论），这三大理论根源构成了交际法在外语教学中应用的基础。其中，海姆斯的理论主要为语言学习的目的提供了理论依据，即语言学习的目的是发展交际能力。[1] 系统功能语言学认为，语言除了是一种交流工具之外，也是社会交际的过程与产物，并且阅读与写作可视为同一交际过程中的两种基本程序，具体而言就是阅读建立在写作之上，且写东西是为了让别人阅读和观看。交际法强调以学生为中心，重视学习者的主动性，注重培养其实际运用语言的能力，因而它引起了国内外语言学家的关注。因此，把握好读书的步骤、方法对写作会有好处；

---

[1] 胡壮麟，朱永生，张德禄，等. 系统功能语言学概论 [M]. 北京：北京大学出版社，2005.

反之，如果不掌握阅读的程序与方法，就无法进行写作。由此可见，把握好写作方法与步骤，有助于更加高效地阅读。从系统功能语言学层面看，阅读与写作均为交际双方进行意义协商的具体过程，由此，意义协商教学模式应运而生，它强调语言交际具有双向性，修正了结构主义大纲关于阅读教学与写作教学分离的理论依据。这一模式能够将写作、阅读的纤细过程与文化、语类和情景语境之间的关联充分展现出来，同时，修正语法大纲可以将阅读和写作活动还原成词汇语法练习的做法。通过分析"概念"这一重要成分，本文论证了在这一理论指导下建立起来的基于语篇理解的意义。协商教学模式可以使学生获得对文本深层结构和语义信息的深刻理解，提高他们的写作水平。另外，这一理论可以将阅读、写作和听说活动之间存在的联系与区别体现出来，从而为发展听说读写能力是统一交际能力这一构想提供了一种具体实施方式。

读与写是两种不同方向的语言活动，阅读、写作分别是针对读者与作者的一种输入性和输出性的语言活动。因此，在阅读的同时还必须有相应的写作知识，这样才能提高写作能力。完整的语言交际活动，一定是交际双方共同参与的，读书不能只有读者、没有作者，写作亦是如此，也不能没有读者仅有作者。阅读和写作之间既存在着差异又相互联系。写作教学能在共同的出发点上，把阅读与写作活动有机地结合起来，由于这个过程是一个动态的过程，因此阅读与写作活动是可以周而复始地进行的。阅读教学是学生对文本进行分析、评价、鉴赏、创造的认知与再学习过程，写作则是学生运用已有知识经验去获取新信息并加以处理的一种表达行为。这样就使我们对"阅读"和"写作"两个概念的内涵与外延产生了新的看法。将阅读与写作的关系视为循环的做法，突破了过去理解的限制和束缚，使阅读与写作已经不再是直线型相互对立的尴尬局面了。阅读和写作相互联系、相互影响、相互促进，两者之间的循环关系将语言活动中输出性和输入性的差异进一步冲淡，二者能够统一于同一交际过程之中。

2.读写循环教学法在大学英语写作教学中的应用

以教师怎样引导学生撰写私人信件为例，下文阐述读写循环教学法运用于高校英语写作教学的策略。

第一阶段，学习者借助小组讨论、情景对话等多种教学活动，较全面地理解写作主题，通过加入相关社会经历与知识，对所要写作的语篇内容有更加详细的理解。具体而言，主要有如下几个问题：今天发达的通讯技术是否可以被私人信件彻底取代？私人书信是一种什么样的通信形式？写私人信件在生活中扮演什么角色？它是否会影响到我们日常的交际活动呢？是否在人际沟通中具有重要性？私人书信有哪些种类和格式？私人信件写给谁？私人书信的内容主要有哪些？写私人信件应该注意什么问题？按彼此对写信人的亲疏远近来划分，应使用何种语言及语气语调？私人书信应具备怎样的文体特征？私人信件基本组成要素是什么？在创作过程中怎样谋篇布局，才能较好地达到创作目标？

第二阶段，为阅读的过程。通过分析研究反映话题的典型语篇，正确引导学生在关注语类社会功能的同时，也关注表达作者与读者意图，了解和认识语类功能，这对语类结构和词汇语法特征有一定的推动和制约。学生在第二阶段利用阅读材料，以自己熟悉的方式将这些信息输入到自己的头脑中。研究主要集中于对该类语类基本结构、词汇语法特征等方面的深入分析，让学习者对有关语类模式了如指掌，并且也更加清晰地认识语篇的语类结构。

第三阶段，学习者试图通过适当的语类结构将主题理解、整理生成语篇，在从大量的具体实例中总结出各种不同类型的句子及其使用特点，并在此基础上归纳出语类规律。教师引导学生循序渐进地学习运用书面语类模式，将自身对话题的理解表达出来，这样才能达到最终的教学目的。英语教师在协作生成语篇的阶段，其工作就是帮助学生构建类似语类样本的语篇，尤以一篇书面语篇为主。在这个过程中，教师要引导学生掌握如何选择合适的语类作为材料，并根据这些语料来描述主题以及确定它们之间的关系。进而让学生通过自己的努力把语类和主题组合在一起，用语类模式把话题观点或者看法表达出来。这一阶段活动可在第二阶段——通过阅读环节，对典型语篇及其有关语类结构进行分析与概括的基础上展开。在这一过程中，学生不仅能从文本材料中学到知识，还能获得相应的能力，如语言组织能力、语用推理能力以及文化意识和交际技能等。教师还可根据教学的需要，反复开展和组织前几个环节上的部分活动，或者开展新活动。教师可以采用问题的形式，在语类结构上对学生进行宏观指导，同时还可以组织讨论，让学生了解不同类型语篇之间存在的共性，从而更好地学习这些语言形式及其使用特点。学习者在这一过程当中,能够了解到不同类型语言材料之间存在着某种内在关系,还能体会到语类结构特征对特定语篇理解所具有的重要意义。当学生熟练掌握语类结构后,教师可进一步对词汇语法特征提供微观帮助,如对文章的中心思想和写作目的进行概括总结等。

第四阶段,是学习者自主撰写语篇的阶段。教师的作用已由明确地提供援助,转变为向学习者提出建设性意见或者评论,主要任务就是要给予学生在创作过程中的一系列点评和评价,并能够通过全班、小组或个体对语篇进行全面分析,合理指出哪些方面仍需进一步的开发与完善、还存在什么问题、这些问题与语篇框架结构是否相关等。教师可安排命题作文,也可让学生自己命题作文,写一封私人信件,也可以根据不同的体裁组织学生撰写文章。在这一过程中,学生不仅能从文本材料中学到知识,而且还能获得相应的能力,如语言组织能力、语用推理能力以及文化意识和交际技能等。在独立写作的时候,学生既能采用合适的框架结构与语法模式,又能互相探讨自己创造的语篇合适与否,以及必要的改写、编辑等,遇到问题可以全班讨论解决。老师在这一阶段要对班级、某一组同学或者单个同学在语言方面进一步正确引导,如语篇构架、拼写错误等。

读写循环教学法以系统功能语言学为理论基础,把语篇的语类、主题题材作为主要影响因素,确立特定读写模式,它强调以语言知识为主线,把读与写作为两个独立又相互联系的步骤进行合理的安排,从而使学生能够更好地掌握英语语言规律,提高运用英语获取信息、分析问题和解决问题的能力。这种模式是读写活动统一性的反映,能够提供阅读与写作教学有机结合的具体方法,强调以语言能力训练为主线开展一系列的教学活动。学生在亲身体验中了解所学知识,并通过比较,了解母语与目标语语篇之间在该方面的相同点与不同点,实际上这是由语篇进入语境,然后由语境向语篇的不断循环往复的变化过程。这一教学模式适用于语言本身,还能够帮助教师提高教学质量和教学效果。

(三)分层分组教学法

1.分层分组教学法概述

分层分组即教师依据学习者的诸多主观因素,把学习者划分为多个英语学习讨论小组，辅助协作教学工作的开展。它要求教师在教学过程中，全面掌握和了解学生的性格、学习成绩等多个方面，唯有如此，才可以真正做到和实现小组成员的合理配置。

将学生划分不同小组，并且把英语水平差不多的同学安排到一个组里，实施分层分组的讨论，可以最大限度地减少成绩优秀的同学占用讨论的绝大部分时间，以及成绩偏差学生过于扭捏怕参加讨论的局面，确保为学生提供语言输出的机会。在评改各级小组间成员习作时，各组之间可以相互和学习借鉴，既习得别组写作教学内容，也可以了解到有别于本小组成员的学习策略及想法。除此之外，这种做法也有助于学生进一步克服语言输出中的"心理障碍"，减少"情感过滤"。在外语习得过程中，要对制约因素进行情感过滤，情感过滤过强，会对大脑产生阻碍作用，使得语言输入受阻，最终结果是学生无法顺利习得语言。所以，要想提高英语课堂教学效果，必须重视对情感过滤机制的研究。随着学生的年龄不断增长，感情过滤也将逐步增强，甚至还有不少学生，只要遇到英语非常优秀的学生，就会在心理方面产生一定的压力，并且因为怕被人笑话，不敢出声。分层分组的方法把同等层次的学生划分到一起，能够将这部分学生心理上的顾虑消除，从而让其在学习的过程中逐步形成信心，将自信心培养起来，能够更好地学习英语。

2. 分层分组教学法在大学英语写作教学课堂上的应用

第一，教师在写作任务设定方面，要严格按照学习者实际的英语水平进行分层分组，并且根据每个组别所处的水平，设定对应的写作任务。

第二，在写作教学方法上，当教师面对英语水平较低的小组时，可以运用结果法，先给学生优秀的范文，之后在小组中对范文的语言特点、结构等进行相互的探讨，然后让学生试着大胆地模仿写作；对英语水平比较高的组别来说，教师可以使用过程法。

小组集体修订设计时，采用这种分层分组法，写作教学同样能受益匪浅。它能够有效地避免教师和学生之间的"信息"不对称，有利于提高师生间互动交流的效率。对小组的集体进行修改能够采取两个不相同的设计方案，一是组织各组就组内成员习作进行研讨和修改，二是组织各小组之间相互交流，探讨如何更好地修改。这两种方案均适用于学生在教师指导下自主修改。在整理各组、修改组内成员习作时，组内先以教师给出的作文评判、修改要素为依据，对初稿组织结构进行剖析，弄清文章提纲，理清脉络，讨论是否要删去的语句以及要补充解释的说明，对作者写作的目的进行合理判断，之后依据修改意见重新撰写，并且再次开展讨论，并对内容和形式之间的联系做进一步剖析，从而使每个小组成员既能更深刻理解所学的写作内容、组织与结构，也能在修改别人习作时不断增强遣词造句的能力。如果没有明确的修改意见，应该让各组组长针对每个问题提出个人意见或想法，并将这些观点以书面材料的形式写出来。另外，英语学习者通过学习写作技巧能够提高其语言表达能力。在每个组别对其他组别进行习作修改时，能接触并获得不同于本组文章的写作新内容与新结构，学习英语学习者之间相互交流，有助于提高学生写作水平及写作能力。与此同时，英语水平不高的组员也能在高水平组员的练习中获得和掌握优秀的表达方法，并且英语水平高的组员可以在对英语水平低的组员进行习作修改时，进一步巩固语言知识。

第三节　网络环境下英语写作教学改革思路

一、高校英语写作教学改革的切入点

写作是人类最基本的认知方式之一，也是人们认识世界、改造世界的重要途径之一。写作教学有着源远流长的发展历史。纵观西方的学术传统，写作教学研究最早可追溯到古希腊时期，由最初的雄辩术发展到古典修辞学。古典修辞学传统无论是对写作研究，还是对写作教学，均有着非常深刻的影响。写作能力是一个人实际应用语言文字进行交流的基本条件，也是衡量一个人外语水平高低的标准之一。写作贯穿于英语学习全过程，是实践性很强的学习活动之一。因此，写作被认为是外语教学中最有效，也是最能全面考察学习者实际应用能力的一项内容。写作作为一种交际能力，是一种重要表现形式，它除了能客观地将学生掌握语言的知识程度展现出来外，还能把学生综合运用语言的能力反映出来。长期以来，由于各种原因，我国外语教学界一直把写作看作是一门独立的课程，并进行系统、科学的指导。实际上，外语写作教学基本上是靠母语写作教学理论与方法

来进行的。在此背景下，许多高校先后开设了英语专业或非英语专业本科生的英语课程。直到20世纪80年代，外语写作教学随着二语习得理论的深化才渐成热点。培养英语写作能力，一方面是地方本科院校学生语言技能训练的难题；另一方面也是学生加强英语综合能力培养的难点。

在外语写作教学研究历史上，研究者从认知、语言学、社会等不同的视角对英语写作进行了多方面的研究，并提出了不同的理论。在这些理论中，最引人注意的是结果教学法。结果教学法是一种基于句子层面的写作教学模式，它强调学生的遣词造句能力，要求加强句子组合和语法练习，是一个从句子入手，发展到段落，再到篇章的过程。学生写作的结果是教师关注的重点。这种教学方法注重语言知识的运用，强调在文章中要用恰当的词，强调主题句、段落的组织与结构等。但是结果教学法也有其不足，它忽视了外语写作过程的复杂性，缺乏对学生在写作过程中遇到的困难的理解和认识。学生的整个写作过程都是在教师的完全控制下完成的，没有自由创作的空间，学生只关心分数的高低，写的文章常常是内容空洞无物、结构生搬硬套、表达平淡无力。过程教学法强调思维在写作活动中的重要意义，强调作者的主体意识和能动作用。

如果仅仅按照传统课堂教学模式的教学方法让学生开展构思、修改、再构思、再修改直至完成初稿整个过程，无论是教师还是学生都会面临较大的工作量。在传统写作教学环境下，很难真正实施写作过程教学法，因为这是一个复杂、烦琐的过程。因此，在高校大学英语写作教学中，探索将传统过程写作法教学与网络化学习、评价结合的教学改革，充分发挥了学生学习的主动性、积极性、创造性，使两者优势互补，以获取较好的写作教学效果和成效，是高校英语写作教学改革的有效切入点。

基于网络与传统课堂教学相结合的英语写作教学改革，既要能发挥教师引导、启发、监控教学过程的主导作用，又要能够发挥学生作为学习主体的主动性、积极性和创造性。它应该凸显网络平台所具有的作品修改的便捷性、语言输入资源的丰富性、写作环境的人文性、评价反馈的多元性、学生写作过程记载的完整性和写作能力变化明显性等特点。

二、网络时代大学英语写作教学改革的思考方向

（一）多角度认识作者、文本与读者之间的关系

语言的本质是应用，语言学习的目的也应该是应用。英语写作是语言应用的一种形式，但网络时代给予了英语写作不同的含义。

英语写作教学主要有三种取向：一是文本取向，即将写作学习看成是学生获取词汇、句式和篇章结构的运用知识的过程；二是作者或写作过程取向，即将写作看成是作者表达思想，以及根据环境需要选择合适内容与方法满足个人交际需要的过程；三是读者取向，即强调作者心中的读者是如何影响写作的全过程。这三种取向实际上从三个不同角度反映写作过程所涉及的技能、认知、情感和社会等不同因素。结合网络时代的特点，我们认为写作过程不仅是一个简单的作者、文本和读者之间的互动，文本的创作过程是复杂、多变的，文本的"读者"可以是不确定的，作者与读者的身份可以不断变化，甚至相互转换、共生共存。

网络时代的文本创作可以是个体行为，也可以是集体行为；可以是一次性动作，也可以是一个不断修正、不断改进的过程。写作过程既可以是个人思想或情感的表达，也可以是对他人思想与情感表达的反馈。作者可以通过文字有意识地建构自己的社会或个人身份，也可能被动地由他人或计算机系统赋予一定的身份。作者所产出的文本可以被用来从不同角度的意义上的解读，也可以用来对作者的语言学习进步进行诊断。当写作成为一种交流的时候，作者同时也必须是读者，因为阅读是写作的前提，而写作则是阅读的自然结果。当作者独立或与他人共同修改已有的文本时，作者与读者的身份则变成共生的。

这就要求大学英语写作教师要多维度地设计教学方案。比如，写一篇读书报告，传统的写作教学可能会由教师讲解读书报告的篇章结构和其他语言特点，然后让学生就某一指定的文本进行写作，最后由教师对学生的作品进行内容和语言上的评价；但在新的写作教学思想指导下，教师可以组织学生阅读一本自己喜欢的书籍，然后按自己认为合适的方式写下一段文字，目的是将自己的读本推荐给其他同学。在正式发表学生的推荐文本之前，教师可以让学生将自己的推荐文本与教师选择的其他读书报告进行比较，共同分析英语读书报告的特点，学生再以

读书报告的形式修改自己的推荐文本。如果学生所选的书籍是相同的，教师可以鼓励他们合作撰写。在写作过程中，学生可以利用各种智能检索或评改工具提高写作质量。初稿完成后，学生可以将它们发表在公开的网络平台上。

（二）写作教学评估系统与写作教学无缝衔接

网络时代的写作教学离不开信息技术。写作资料的收集、各类教学资料的呈现、课堂教学活动的组织和作业的提交、修改和评阅以及师生线上互动等，都需要网络教学平台和作业评测系统的支持。但网络对写作教学的支持应不止于此。

目前，在线教学应用多数都是各自为政。网络教学平台主要支持教学材料的呈现、作业提交和有限的在线互动；练习与评测系统大多都是由学校单独采购，独立运行；大型语料库系统很少提供与教学直接衔接的界面或功能；其他与教学相关的基于互联网的各种数据系统、应用或社交网站，与学校教学也没有直通的接口。即使是当下，国际流行的 Massive Open Online Course/Courses，大规模在线开放课程，又称"慕课"课程也很少被系统纳入高校的教学计划之中。网络时代的教学平台应该能够将不同的网络应用系统和功能集成在一起，如联通校内和校外的社交互动，打通教学平台的作业系统与其他作业在线辅助和评测系统；整合校内外教学资源，将原本独立的在线应用，如在线词典、在线语法帮助、在线语料检索等嵌入学校的教学平台。这样不仅可以更好地方便学生学习，也更有利于获得学生在线活动所留下的痕迹，以便网络分析系统为他们提供更科学、及时、个性化的反馈和帮助。

（三）提升教师信息技术能力

第一，新技术更新换代的速度很快，没有人可以一劳永逸地享受网络时代给我们带来的便利。网络时代为英语写作教学提供了大量的技术与工具。有的技术和工具是直接为写作教学而开发的，有的则仅可用于写作教学。不同的技术具有不同的特点与功能，有些甚至可能不为教师和学生所熟悉。这都需要教师认真学习，并逐步形成自己使用或培养学生使用的方案。

新技术在给人们带来便利的同时，也会制造一些新麻烦。一些自动纠错软件可能会导致学生拼写和语法能力的下降，容易获得的网络资源也为学生的抄袭提供了方便，一些流行的应用可能会浪费学生更多的时间。这些都需要教师正确认识并采取适当的措施加以及时的防范和纠正。

第二，教师在教学中的职能随着新技术应用的发展，也应发生相应的变化。教师不再是知识和技能的传授者，而应该是教学活动的组织者、参与者。我们应该为教师提供必要的信息与咨询，组织必要的培训与学习，帮助教师适应新技术带来的职能转变。新型的教学组织需要教师培养新的能力。比如，在翻转课堂教学中，教师应该具有更强的课堂讨论组织能力；在利用智能作文评估系统时，教师应能科学合理地利用系统提供的反馈，而不是机械地让这些反馈取代教师的评阅；在进行基于阅读的写作教学中，教师应在对阅读材料的选择、对学生利用阅读材料的目的和方法方面，提供指导并发挥更大的作用。

三、基于网络环境的英语写作教学改革策略取向

（一）培养学生的英语写作意识和兴趣

第一阶段，我们要加深学生对英语写作的认识，尤其是英语写作信息交际的主要功能和目的，让他们关注英语写作的中心思想、目标读者；了解英语写作格式，养成良好的书写习惯；认识英语书面语言与口头语言的区别；建立对英语写作和英语作品的感性认识。这个阶段的教学方法主要体现在以写作练习为中心的讨论上，其主要任务是帮助学生挖掘题目、寻找素材、形成中心思想。要深化学生对英语写作的认识，刺激和提高学生用英语表达自己、交流信息的兴趣，在写作的讲评方面要以肯定和表扬为主，纠正和批评为辅。

第二阶段，培养英语思维方式，让学生养成良好的写作习惯。当学生对英语写作有了一定的感性认识后，英语写作的重点就要转移到培养学生的思维方式上来。培养学生英语思维方式是一个长期的过程，需要教师和学生共同的、坚持不懈的努力。培养英语思维的方式方法有多种，如：英语国家著名作家的英语作品分析、英语摘要写作等。另外，好文章是改出来的。修改是学生的弱项，他们很难做到客观认真地审视自己的习作，很难发现不足并提出改进的方法，因此，别人的帮助和意见就显得非常重要。

第三阶段，关注词汇、语法和句法，要形成自然连贯的篇章。当学生对英语写作、篇章有一定的认识后，写作教学的重点要转移到句子和语法层面上。从作文的角度来看，整个篇章结构比单个的词汇、句式的选择重要；从教学方法看，英语写作教学应该通过大量的阅读输入和形式多样的讨论使学生积极地积累语言素材，以提高书面表达能力。一篇好的英语文章不是由一堆语法正确的句子堆砌的，它需要多种修辞手段使语句衔接、自然连贯。教师应该为不同层次的英语写作教学确定不同的目标，从低到高，逐步实现，以稳步提高学生的英语写作能力。

（二）创设良好的网络阅读环境

通过阅读，学生在篇章分析过程中可以学会构建篇章的能力，同时掌握英语写作的内在规律，可以从宏观角度学会构筑各种文体的框架结构。但是读什么、怎么读是十分值得研究的问题。网络为我们提供了一个非常丰富的信息资源库。教师应该从学生实际出发，对有价值的资源进行分类整理，并根据教学进程，引导学生阅读相关的文章，同时要有计划地进行文章主题分析和讨论。这样既能够解决学生阅读资源的问题，又能够有效提高阅读的针对性、实效性，降低盲目性、低效性。网络阅读资源环境的构建不是简单的读物的堆砌，而是一个科学的系统工程。所以，一定要注意资源库内容的适宜性、规范性、完整性，以及阅读指导的目标性、循环性、阶段性。

（三）构建高效英语写作动态交互平台

在基于网络的写作环境中，我们要为学生搭建一个发表作品的平台，让学生有效实现交互学习。在这样的学习环境中，学生的作品会有真正的读者，有效利用不同的信息反馈，能够使学生容易保持持久的学习动机。在网络空间里，学生可以把作品上传，其他学生可以欣赏、发表评论；教师也可以把写作指导、学生的范文放在公共空间。每个学生都有一个密码进入系统，在班级指定位置递交作业。教师制定评改标准，引导学生进行自改和互改；允许学生根据反馈信息就同一文章反复修改，学生从修改稿件中可以看到自己的进步。所有上传作业、反馈意见、修改稿件均有详细记载，为学生构建一个动态、交互的英语写作环境。从其他人那里获得评论的实践具有重要的现实意义，它改变了传统写作教学不太重视学生之间交流、互动的现状，语言的交际性特点由此得到凸显。学生能够表达自己的观点，同时也希望自己的声音能够被人听到、理解。更重要的是丰富的网络学习资源，可以帮助学生以读促写、以写促读，在相对同质的大量语料中反复呈现不同语境里的同一种语言现象，从而构建学习者对该语言的认知图式。而更重要的是写作教学成功地实现了以下几个方面的转变：从重视结果到既重视结果也重视过程的转变；从一稿到多稿的转变；从单一教师信息反馈渠道到多种信息反馈渠道的转变；从单一纠错练习到鼓励学生合作学习、交际互动、协商、讨论的转变；教师的角色从权威到学生写作实践的辅导者和促进者的转变。这样，利用网络环境把读和写有机结合，可以把学生和学生的写作思想放在中心位置。

（四）提高学生读者意识和自我效能感

传统的英语写作教学通常重视写作结果，往往把重点放在不同类型的写作上，强调不同范文的写法，而不强调写作过程。在这种教法下，学生们只注重自己的最终文章，而不会注重自己真正写作的过程。教师批改作业都是在写作结束时进行。在这种情况下，成绩对于学生来说最重要，而评语没有多少价值，学生不会认真对待教师评语中的建议和意见。如果学生对教师的评价不重视，他们怎么可能会对存在问题进行再修改、再创造？又怎么可能提高英语写作水平？

过程教学法与结果教学法最明显的区别就在于，过程教学法为学生提供了修改文章的机会。本书的评价指的是学习者在写作过程中从教师和其他同伴那里得到的、针对他们所写文章所提出的意见和建议。学生根据教师和同伴的评语，可以对文章进行修改，以达到提高文章质量的目的。采用过程教学法是为了让学生更好地、更有效地重视结果，以让学生重视写作过程，并利用不同的评价反馈修改文章的初稿，最终写出好文章。但是值得重视的是，无论是教师还是同伴的评价都要能够成为学生修改作文可利用的反馈。评价标准应该基于文章的思想、文章的结构、文章的逻辑、文章的语言、文章内容的新意等方面来考虑，要让学生具体地知道自己在哪方面存在问题。要通过不断的教学实践，让他们学会评价、欣赏评价，从评价中得到鼓舞和启发。学生通过同伴评价实践成为一位敏锐的、高要求的好读者，而后成为思路清晰、能够打动读者的好作者。这样，他们写出的文章就会更连贯、更有逻辑。更重要的是，这种做法增强了学生的读者意识，促进了学生内在动力的发挥，提高了学生学习和掌握英语写作技巧的积极性，增强了学生的自我效能感。自我效能感会影响学生在完成任务过程中的选择、努力程度及面对困难的坚持、忍耐程度。研究证实：对自己写作能力充满信心可以使学生很好地完成写作任务，因为这有助于学习者提高写作兴趣，使其继续不懈地努力，面对困难时更具有忍耐力和弹性。

为提高写作自我效能感，教师在教学中应该加强对学生写作策略的培训。要注重写作过程引导，在写作前的构思立意、布局谋篇和写作中的组织信息、遣词造句以及写作后的修改和编辑等方面都要倾注极大的热情。教师要设计形式多样、不同情境的写作任务，让学生通过写作实践了解写作策略在写作过程中的意义和作用，让学生明确写作内容，合理安排写作任务，并运用相关的写作知识和读者的知识呈现作品，提高他们对作品的清晰性、完整性和一致性认识的敏锐度，并进行有效的修改，这样才能够培养学生的写作技能，激发他们的自我效能感。

（五）实现网络技术与写作教学融合

信息化时代需要与之相适应的新教学，而这种新教学只有将网络技术融入教学后才会诞生。网络技术与写作教学相辅相成、相互贡献，最终将成为一个整体。网络技术融入英语写作教学是教师的一种价值选择，是教师施加作用的结果，其目的是让学生在这种全新的教学时空中得到尽可能全面的成长与发展。在这种教学时空里，教师通过网络技术获取的各种学习资源，既可单独呈现，又能够随时组合呈现、相互补充；教师与学生个体、学生群体、学生之间的互动既可单一进行，又能够随时切换；相互促进，既有相对的稳定性，又能够根据教学需要进行必要的调整和改变，既有相对专一的针对性促进，又能够在充满丰富资源、提供多种方式的各种活动中促进学生的整体性提高。

网络辅助英语写作有利于写作过程教学法的实施，为大学英语写作教学开辟了一个新的天地。但是任何教学法本身均存在利弊。英语写作本身是一个探索发现的过程，是一种高级的认知活动，它需要通过独立和合作行为来完成。提高学生写作兴趣，让学生自觉自愿地主动学习是我们取得英语写作教学成功的关键。基于网络与传统课堂教学相结合的英语写作教学改革，重视过程教学，重视读、写结合，重视学生的实践体验和教师、同学反馈评价的有效性。这对我们提高高校学生的英语写作实践能力具有较重要的理论价值和实践意义。

第四章 网络环境下英语写作教学课程

在教育领域，尤其是在与网络技术有着密切相关性的大学英语教学领域，一场根本的变革已经掀起。本章为网络环境下英语写作教学课程，分别论述了网络技术与英语写作教学的整合、网络环境下英语写作课程设计以及网络环境下英语写作课程学习策略。

第一节 网络技术与英语写作教学的整合

一、信息化教学模式与传统教学模式的对比

随着网络技术的迅猛发展，不仅人们生活方式发生了较大的变化，就连思维方式也受到了前所未有的冲击，信息化教学模式已经成为社会和教育管理部门对教学领域的必然要求。表面上看，表现为以网络技术支持的教学活动和教学方式，不过是将层出不穷的新技术不断应用到教学当中，但实际上，这是一场涉及人才观、教育观、学习观、教学观、技术应用观、评价观等深层的变革。信息化教学模式与传统教学模式对比具有显著差异。如表 4-1-1 所示，是信息化教学模式与传统教学模式对比结果。

表 4-1-1 传统教学模式和信息化教学模式的对比

内容	传统教学模式	信息化教学模式
学习目的	重视结果	重视过程
学习方法	注重传输/接受	注重启发、探究、协作
信息呈现形式	信息呈现形式单一化	多样化/多媒体

（续表）

内容	传统教学模式	信息化教学模式
组织形式	班级/集体授课制	个别化、远程化
资源范围	局域的/有限的	全球化的/无限的
学习空间	物理的/实地的	虚拟的
材料表现	单调的	丰富的、多媒体的
学习时间	阶段性	终身化的/学习与工作、生活一体
学习方式	模具化/一统化	个性化/多样化
学习环境	封闭化/局限化	开放化/国际化
学习动力	外在动力为主	内在的自主动机为主
学习评价	结果性评价/重结果	形成性评价/重过程
教师角色	知识的传授者	学习的帮促者/指导者/组织者
学生角色	被动的接受者	运用信息工具的主动探求者

由此可以看出，信息时代的学习要求从传统的吸收式学习走向创新性学习。学习不仅指对现成知识的记忆、吸收，更意味着掌握观察能力、分析能力、综合能力、表达能力和沟通能力等。信息时代呼唤七种技能：批判性思维能力、创新能力、协作能力、跨文化理解能力、交际能力、计算机素养以及职业生涯自我调适的能力。随着学习目的的改变，学习的过程即能力培养的过程也日益受到重视，对学生学习效果的评估也随之由传统的以评定掌握知识程度高低为主的结果性评估，走向为下一步的修改提高提供信息反馈的过程性评估。信息化教学既主张以学生为中心的个性化教学，针对学生差异设计教学内容与形式，实现教师有针对性的个别指导，也强调学生与社会互动尤其是与依托于网络技术得以实现的全球化的、跨文化的协作学习。这些都与建构主义的"建构""协作""情境""互动""过程"等核心理论相契合。建构主义学习理论为信息化教学提供了蓬勃发展的契机，而信息化教学的迅速兴起，也给建构主义学习理论在实践中不断丰富自己的理论提供了肥沃的土壤。

二、网络技术对传统英语写作教学的影响

伴随着时代的发展，信息技术逐渐兴盛，互联网技术也普及到千家万户，进而使得我国学生面对的语言学习环境发生了翻天覆地的变化。借助互联网技术，学生能够通过各种搜索方式足不出户地利用英语，十分确切地了解全球范围内发生的各种事情。而且互联网的存在，使得世界各地的人都可以通过电子邮件或者在线聊天等方式进行交流，不再受到距离的限制。通过这种便捷的了解信息以及与人交流的方式，人们能够从更多的角度对某件事进行认识。在和自身已经具备的各种知识结构比较分析之后，人们可以进一步提升自身的批判性思维，借此也使得自身的人文素养有所发展；并且，进一步提升了自身语言知识的存储。简单来说，网络教学的存在进一步开拓了英语学习的范围与途径，促使越来越多的学生能够更加深入地接触英语国家的语言，了解这些国家的文化习俗与历史，也使得学生们能够更好地通过网络交际丰富自身关于英语学习的知识等。值得注意的是，在科技不发达的时代，英语教师在进行教学过程中，总是需要费尽心力为学生营造出一个合理且真实的学习情境，以便有效激发学生的学习兴趣，获得良好的教学效果。但是现如今，这些困难已经被克服，越来越多的符合学生学习要求的语言学习环境被存储于网络当中，并借助互联网被更多的学生使用。值得注意的是，这是一种新型的、符合当前时代特色的网络交际环境，它直接导致写作本身的形式、目的、性质出现了明显的变化。写作不是对事物进行简单的罗列或记录，而是一个复杂的心理过程，写作，就是解决问题的过程。写作本身由三大要素构成，分别是创作过程、任务情境，以及作者所具备的长时记忆。写作是一种创造性活动，主要通过信函和词句等方式来整理与表达思想。现如今，写作本身在形式与内容上出现了翻天覆地的变化，不再只是传统形势下的使用纸笔进行整理概述，而是需要结合音乐、图表、色彩等的运用。对于现代人来说，科技的进步改变着人们读书、写字的方式，以及沟通与合作的习惯。一般而言，若要熟练使用网络实现交流与沟通，就需要明晰网络交际所应遵守的各项规则与基本礼仪。若想使得自己写作的作品吸引更多的人阅读，并获得他人的认可，就需要对写作的话题背景知识有着充分的储备，并且在写作当中充分发挥自己的想象力与创造

力，还需要使用新鲜原创的观点与行为风格。在网络时代，人们的生活已经越来越离不开互联网，技术使写作定义和观念发生了变化，也使人的学习发生了变化，无论是运用还是教授语言的环境和方法也出现了明显变化。网络技术的出现使得众多外语写作教师拥有了一个逼真的语言文化环境，以及一个理想的交流平台。对于广大教师来说，网络技术的存在使其在教学过程中遇到了诸多难题与挑战，比如，怎样通过写作来发展学生思维能力、怎样增强学生自主学习能力、怎样构建全新的教学理念与教学模式等。

三、网络技术与英语写作教学实践

有关网络技术与写作教学的实践和研究已形成体系并已深入教学的方方面面。已经进行的研究涉及多种信息手段、多种教学方法（过程写作法、体裁教学法、支架教学、抛锚式教学、学习共同体、交际教学法等）、不同的课程内容（单纯教授议论文、记叙文等各种体裁的基础写作教学和与学科结合的写作教学）、不同的研究对象（英语为母语的不同年龄层次的学生、英语为第二语言的不同英语水平的学生）、不同的研究角度（技术的应用对学生创新思维、批判性思维、跨文化交际能力的培养影响如何，对他们语言表达能力的各方面影响如何，对他们的学习动机有何影响）等。网络交际是网络环境下外语写作教学的重要手段。大量研究表明，基于网络的交际是网络环境下师生交流、生生交流以及学生与操母语者交流的平台，它对外语写作教学的各方面都能发挥积极作用。基于网络的交际包括两种类型：同步交流和异步交流。同步交流指的是交流双方（多方）同时在线，通过键盘用文字进行书面语交流或利用语音设备进行口头交流；异步交流指的是交流者或给对方发送电子邮件，或在讨论版或博客等网络平台留言（或发表文章），交流的另一方（多方）在之后上网时，在阅读后予以回复或在讨论版等平台发表自己的观点。这种交流不是实时的交流，具有一定的滞后性。在异步交流活动中，交流的节奏完全掌握在参与者手上。在将发言内容上传之前，参与者可以仔细斟酌，反复修改；在文章上传后，同伴之间又可以利用这一平台进行同伴互评，这些都充分体现了过程性写作的特点，因而最受外语写作教师青睐。从建构主义的角度来看，这样的网络平台给过程性写作提供了必要的物质条件，给教师和学生之间的互动以及学生之间的互动提供了便利条件。教师和水平较高的同伴可以通过这个平台给学习者提供意见和建议。从另一方面讲,网络平台实际上就是一个"物理支架"。通过这个"物理支架",教师还可以将课堂社区或称课堂学习共同体的建设延伸到网络上来,再引导学生将网络学习社区中以自主学习为主以及消除阶层歧视和性别歧视的民主、平等的学习氛围反射到实体的课堂教学中,以营造更为民主、平等、和谐的课堂学习共同体。另外,教师还可以指导学生根据自己的兴趣参加不同的网络交流群组、接触真实语料、增加目的语输入和输出的量、了解目的语文化以及传播本国文化。教学科研人员对网络环境外语写作教与学各个方面的实验与研究表明,基于网络的交流应用于外语写作教学在以下几个方面具有积极效果:

(1) 可以增加目的语输入和输出的质与量。

(2) 利用目的语可以在真实语境下解决真实问题,因此可以提高学生参与的积极性。

(3) 对于基础知识水平参差不齐、文化背景各异、性格特点不一的学生(尤其是对于那些性格内向的学生)而言,基于网络的交流无疑是一个适合个性化的学习方式。

(4) 可以减少学习者的学习焦虑。

(5) 可以增强学习者的文化意识,开始更多地关注目的语文化和自己的母语文化。

(6) 某些研究证明,网络平台应用于写作教学,还可能提高学习者对语言知识的关注。具有长时间的网络交流写作经验的学习者,他们的词汇更丰富,句子结构更复杂,语篇功能更丰富,策略运用更自觉。

在过程性写作教学中存在一个极为重要的步骤,就是要求参与其中的学生进行互评的操作。一般而言,在传统的教学阶段,教师若是要求同伴进行互评操作,学生就会在课堂上互相交换自己的文本进行点评,或者由教师对学生进行分组,进而开始讨论并得出评价。但是值得注意的是,这种形式的互评操作会使得学生们很难给出足够深入的意见与评价,因为学生并没有足够的时间在课堂上对所接触的文本进行阅读与研究。相比之下,若是将所有学生的作文上传至网络虚拟平台当中，学生们就可以有充足的时间进行阅读和研究，最后给出直切要害的意见。并且，因为网络虚拟平台的便捷性，在作者接受相关意见进行修改之后，学生们还能够根据修改之后的作文进行点评，使作者能够继续进行修改，精益求精。值得注意的是，教师利用网络平台也能够进行点评，但是这种评价方式相比于传统的使用红笔进行点评的方式，在权威性方面有了一定程度上的降低，但是这种评价方式能够有效减轻学生的压力，提高其写作自信心，进而有效提升学生的写作积极性与作者意识；同时，面对面的写作反馈所带来的某些消极的负面影响，在网络环境所创造的社会语境中能够被有效地避免。比如，学生进行网络互评时，他们注重的往往是文章内容而不是语法形式和标点符号等浅层错误。这样，学生在写作时就带着让真实读者阅读的意识，考虑真实读者的需求，从而把更多的注意力放在文章的思想内容而不是表面形式上。在进行网络互评的过程中，因为很多点评意见来自周围的同学，所以作者在进行修改的时候需要努力分辨各种意见的正确与否，有选择性地吸收并进行修改。在这一过程当中，学生通过对各种意见进行思考与取舍，能够进一步提升自身的批判性思维能力。通过对网络同伴互评活动和传统的同伴互评进行对比分析，我们可以发现，由于在传统互评活动中，教师无法亲自参加每个小组的讨论活动，难免有些学生敷衍了事，不发言或少发言；而在网络互评中，学生互动情况一目了然，完全处于教师的监控之下，因此，学生互相之间的评价要多于传统活动中进行的交流，网络互评可以允许学生做点评时，边打字边思考，随时可以停下来或返回去进行修改，而这一点是传统的互评活动所无法做到的。

教师们运用网络平台开展大学英语写作教学之后，通过研究要明晰一点，即在网络平台开展英语写作的教与学是利弊共存的。

1. 优点

（1）与字处理软件相似，简单易学，具有字处理软件的许多优点；

（2）以文本和视图的形式展现，兼具书面语和图像的特点；

（3）发表于网上，可以让更多真实读者看到；

（4）写作时可增强读者意识；

（5）学生更关注写作内容；

（6）可增进文化交流；

（7）可提高写作质量；

（8）可提供支架和协作学习的机会；

（9）有利于课堂学习社区的建设。

2. 缺点

（1）有些学生计算机应用不够熟练，影响写作速度；

（2）有些学生不愿意将自己文章的错误暴露在网络这个公开场所，不敢面对真实读者的批评；

（3）有些学生对同伴英语水平有怀疑，不愿意考虑同伴的评语。

我们能够明显发现，大部分学生在网络平台当中进行英语写作抱有积极的态度与十足的热情。并且，在网络平台上发表自己的英语写作作品可以被更多的人关注，若是能够获得大部分的认可，学生也就可以从中汲取继续写作的能量，树立起信心。为了获得他人的认可，学生们在进行英语写作的时候，会基于读者的视角进行写作内容的撰写与表达方式的选择。对于学生来说，阅读他人的作文，从中吸取优秀经验能够有效促进自身写作能力的提升，并且还能够在此过程中有效提升自己对于作文的评判能力。另外，网络评判能够有效增强学生的写作信心，但是还有一点需要格外注意，因为所有学生都能够对作文进行评判，所以这可能会在一定程度上加重学生的阅读负担，甚至在面对一些负面评价的时候，学生的自尊心与自信心也可能会受到严重打击；除此之外，对于部分较为重视隐私的学生来说，自己写的作文能够被很多自己不熟悉的人看到，这会让他们产生较为严重的心理负担。

四、网络技术与学生英语写作学习动机

通常来讲，学习动机本身就是指学生能够开展学习的动机。之前就有专家、学者对学习动机进行了深入研究，最终基于社会学的角度将学习动机分为了两种类型：其一为外部动机，其二为内在动机。外部动机指的是与学习者个人前途直接相关的因素，如出国、升学、就业的需要等；内在动机则是指学习者的学习动力来自学习者自身的因素，如对目标语本身及其文化的兴趣等。近年来，又有研

究人员指出，内在动机源自于人对竞争和自我控制的天然需求。换言之，学习者在学习活动中往往具有迎接挑战的内在动力，战胜挑战可以给他们带来自信心和成就感，并反过来使他们产生更大的学习动机。由于学习动机是学习成效的一个重大影响因素，研究者们从不同侧面对学习动机对学习成效的影响进行了研究。研究结果表明，受内在动机驱动的学习者会更专注于学习任务，在完成任务的过程中能够采用更为复杂的策略，遇到挫折会表现出更大的毅力，学习成效也更好。针对外语学生的研究也表明，当学生将学习动机转化为内在动机后，他们的学习积极性更高，学习动力更持久，同时能取得更好的学习成效。大量研究表明，现代技术应用于外语学习与学生的学习动机有着密切关系。现代技术的应用可以激发学生的学习兴趣，提高他们的语言运用能力，提升他们的自信心，而学生内在学习动机的提升又反作用于现代技术支持下的英语学习，从而取得更好的学习效果。近几年来，随着大学英语教学改革的推进，一批关于如何利用现代技术进行英语写作教学的论文相继发表。然而，令人遗憾的是，经过对这一类型的论文进行阅读与了解之后，我们能够明显发现，其中很少有与之相关的实证研究的出现。与此同时，因为研究现代技术与英语教学的有机结合的时间段，定量分析研究方法大行其道，所以，在国内，定性描述外语教学中课堂行动研究方面的文章也越来越受到人们的重视。外语教学并不简单，其中的内容包括教育制度、教学环境、教材与教师等方面，而且这些因素中，每一个都含有大量互为影响的复杂变量，每个变量都不是恒定不变的，均可能直接影响教学效果。如果这些变量之间没有一定的逻辑关系或因果关系的话，那么任何一种教学模式和教学方法最终将不能得到推广。所以，仅仅通过定量分析并不能够为其他的教学个案带来借鉴效果。课堂教学作为一种特殊的实践活动，具有其自身独特的特点和规律，不能完全照搬其他领域的研究成果。唯有细致、具体的课堂行动研究，并深入进行定性描述，才能够根据其他的教学个案以及自身所面对的各项影响因素，探索出适合自己的教学发展方向。

五、网络技术与大学生英语写作教学行动研究

行动研究是建构主义的研究方法。行动研究假定复杂的社会现实是在特定的社

会语境下发生联系并互为构建意义的。行动研究的思想最早由美国哲学家约翰·杜威于20世纪二三十年代提出。杜威认为教师应当对教学领域的理论作出贡献。他指出："在教育过程中，经验、反思和行动是互为作用的。行动研究就是在干中学。"① 若要获得教学理论，就需要不断进行有意义的教学实践，之后再根据教学实践当中获得的种种经验，进一步拓展教学理论的范围，并加以完善。一般而言，行动研究是属于探索性研究范围的。教学行动研究本身就是指依据教学过程当中面对的实际情况进行深入研究，通常情况下，在教师进行教学的过程中，即使能够从各种期刊文献中寻找到解决自己遇到的困难的方法，但是现实情况可能与文献中的记载有所差距，会直接导致最终的结果相去甚远。所以，为解决这一难题，当地的教师需要开展课堂研究工作，在不断的探索实践当中，发现问题、解决问题、总结经验，最终形成完全适应当地情况的教学理论，从而更加顺畅地开展教学实践活动。与此同时，因为教学实践是基于教学理论进行的，而且教师在实践的过程中也会遇到各种各样的突发问题，由此，教师能够在总结相关经验之后进一步促进教学理论在不断地丰富与发展。教学行动研究先开始行动，之后开展批判性反思，最终又走向行动，这一过程会循环不断。值得注意的是，教学行动研究会先在实践当中发现问题，之后根据现实情况与教学理论指导进行解决问题的计划安排并实施。在实施的过程中，要坚持进行观测，及时发现其中存在的漏洞并加以修订，为之后的计划实施总结经验并提供理论指导。教学行动研究本身强调教师和研究者的认同统一。若是以研究者的身份为主而开展教学工作，就会使得这种类型的教师能够始终保持理性，进而对教学进行反思，并根据相关理论与实际情况进行教学计划的制定与实施；若是以教师的身份为主而开展研究，在进行研究的过程中，研究者会更加全面且仔细地进行观察研究，并且，在这一过程当中，研究者是教师扮演的，学生们会更有表现欲与求知欲，对真实场景中的问题加以研究和解决，这恰恰是教学行动的研究目标。再者，行动研究并不要求研究者完全避免与他人产生交集。行动研究并不阻止，甚至认为教师研究者在实践中应当积极和他人开展合作。

大多数研究者采用定量的方法进行基于网络的英语写作教学研究。在这种研

---

① 田海龙. 计算机辅助英语写作教学：活动与优势 [J]. 外语电化教学，2001（03）：121.

究方式中，研究者通常把学生分成实验组、控制组，并通过统计数据比较二者之间的差异。虽然使用定量的方法表达样本之间的变量关系较为客观、有效，但是，统计结果在描述人的行为、体验变化方面不能够提供有深度的解释和证明，因此，在设计研究项目的过程中，我们应该综合使用定性、定量两种方法，充分认识计算机辅助英语写作教学的优点和不足。这样，我们才能提高研究设计的质量及定性、定量研究的程序。总之，我们既要看到网络技术辅助英语教学积极的一面，同时，也要意识到它所面临的挑战，单方面强调技术的有效性是不对的。我们要强调外语教学与现代教育技术的有效融合，使网络技术与外语教学的目标和课程内容相一致。在充分发挥网络技术优势的同时，要加强学生思维训练、发展学生的想象力和语言运用能力，并且要牢记假设对实验结果和研究步骤的影响。最后，研究者应该认真分析数据，研究结论应该建立在具体的例证和丰富的理论支撑基础之上。成功的写作教学应该重视写作的整体过程。

第二节　网络环境下英语写作课程设计

一、教学课程设计的基础

教学设计属于教育科学领域的方法论学科，是教学论的重要组成部分。教学设计的基本原理与方法适用于不同类型和层次的教学系统的设计，具有很强的实践性、操作性。教学设计的过程就是利用系统的方法对有效的教学进行计划、设计、创建、执行和评价的过程。进行教学设计的目的是支撑学习的过程。加涅认为，教学是以促进学习的方式影响学习者的一系列事件，而教学设计是一个系统化规划教学的过程。教学的目的是使学生获得知识技能，教学设计的目的是创设和开发促进学生掌握这些知识技能的学习经验的学习环境。

在大学英语写作教学过程中，教学是教师干预学生学习行为过程中的最重要的环节，不同的干预行为导致的结果常常千差万别。有的教师能够对教学任务举重若轻，而有的教师却会对很简单的任务也无能为力，其中的原因固然很多，但是教师缺乏"课堂设计"的理念，是造成这种现象的主要原因之一。教师在针对一个具体学生群体和学习任务时,如何突破环境和种种制约而获得最好的教学效果?如何在有限的时间内,有效地达到目标,完成教学任务,使学生在知识、技能和情感三个方面都有收获?为解决以上问题,我们需要走出以下几个误区:

第一,课堂教学不等于教课本。有的教师在设计课堂教学时,把自己沦落为课本的奴隶,备课时不考虑教材本身的设计是否合理,不考虑教材所设置的教学内容是否符合当前学习者的知识水平、能力水平和心理需要。

第二,教学目标相似性。每一次上课,教师必须在"情感目标""知识目标"和"技能目标"三个方面做到面面俱到,并错误地认为每一种知识和技能的教学必定和一项"情感目标"相联系。情感目标是教师的长期目标,也是一切知识和技能训练的基础,因此,教师需要把情感目标蕴涵在平时的一系列教学行为、态度和师生的交往之中。

第三,课堂设计的僵化性、教条性。教学是一个非常个性化的活动,尽管有一些共同的科学原理要遵循,但是当教师面对具体的任务时,教师首先想到的是如何利用各种资源来独立解决困难。最好的检验方案是学生能否完成当初设计的目标任务。每次上课都是一个挑战,教师的自身资源、教师对教学理念的认识高度、教师对知识的掌握深度、教师对学生特点的认识等是造就教师高效率教学的基础。

若要完成一个适用且完美的课堂教学设计,就需要确保教师能够对所有学生有着深入的了解。所以教师在进行课堂教学设计的过程中,要能预估学生对于老师有哪些期待,这些期待的存在,直接体现出了学习者所拥有的知识背景、生活背景和文化背景。由此,我们就能够明白,社会环境不同,学生的期望也不同。此外,教师要能理解学生对于语言的看法。理解学生,也要求理解学生对英语的态度问题。对于学生来说,自身态度的好与坏能够直接影响对于外语学习的好与坏的程度。在我国,英语并不是通用语,根据地域不同,英语所能够发挥的作用与占据的重要性也不尽相同。所以说,不同的学生在面对英语学习的时候,也会受各种各样的因素影响而表现出不同的态度。所以说,教师在面向学生开展英语教学的时候,应当重点关注对学生的多元语言能力进行培养。在进行课堂设计的时候，应当做到物尽其用，若是学习者已经拥有部分语言资源，教师就可以在之后的教学中对这种资源加以利用。

二、基于网络的英语写作教学课程设计

就教学课程设计的研究而言，关于教学模式的研究一直以来都被人重点关注。简单来说，这部分内容能够有效推动教育教学改革，能促进网络课堂教学的顺利开展。伴随着时代的发展，在网络技术与英语教学进行充分融合之后，从最初的"教师中心"到后来的"学生中心"再到现在的"协作式学习"，其目的就是要让学习者成为课堂的主人。一切变革几乎都是指向学习者这一主体，并以促进学习者的发展为主题。这意味着教师不再仅仅充当知识的传授者、信息接收者或"传道"者的角色，同时也是学生自主建构知识过程的参与者。在关注学习者的时候，教学模式也开始向学习模式转变。学习模式作为一种新的视角已成为当前教学研究中最活跃的课题之一，将学习模式研究放置在网络教学语境之下，直接导致所有的研究者明确意识到以网络为载体的学习模式所呈现出的多样化与复杂化的特征，其自身已经不能够适用于课堂教学传统模式，研究者们需要对其进行重构与创新。

（一）网络学习环境的设计

通过对与网络教学设计方面相关的研究进行分析，我们能够发现网络学习环境在这一时期十分受到人们的重视。网络教学设计作为一种新的教育思想或方法，已经被越来越多的人所接受并将其应用于实际教学之中。在 20 世纪 90 年代，因为认识论发生了重大转变，各种充满创新性的学习环境得以诞生。正是因为科技的发展，网络教学设计能够更加方便地为学生创设出合适的学习环境。并且，网络教学设计也面临着技术与各方面理论所带来的质疑与考验。并且，值得注意的是，在这一过程中，以网络为载体的学习环境研究一直都是网络教学设计的研究重点。

（二）网络的评价方法与工具的设计

伴随着时代的发展，教师在进行教学设计的过程当中，更多的是将课程、教

学以及之后的教学实施与评估进行结合，创设出有着总体规划性质的教学设计。现行的学习理论更为重视对知识进行表征、整理与加工的方式，也极为注重学习者意义构建的过程与方式。为了使相关评价更加真实、更契合实际情况，教师需要深入探索研究评价工具与评价方法，进而实现突破。值得注意的是，我们经过努力已经获得了一定的成就，比如，真实性、复杂性、情境性等性质的评价概念的提出，以及应用于网络教学当中的各种评价工具，都是我们的研究成果。

（三）教学设计的原则

高质量的英语写作教学应该以课程设计目标为指导，写作课程的设计应该遵循下列原则：第一，认真分析学生的需求；第二，根据学生的需求，选择合适的教学内容；第三，根据英语教学理论、学生认知心理，合理安排教学活动顺序；第四，为学生提供写作的机会；第五，密切关注学生在写作过程中的变化，提供有效的引导。

三、影响大学英语写作课程设计的因素

教师在英语写作课程教学设计中必须考虑到一些关键性的问题：

（1）写作课程的重点；

（2）写作、讨论、反馈等活动的时间安排；

（3）让学生完成什么写作练习；

（4）写作目标与写作技能的培养之间如何有效进行整合；

（5）语法知识在写作教学中起什么作用。

上述问题我们可以有多种不同的答案，英语写作教学应该始于学生的需求，应考虑到英语写作课程的教学目标、反映出教师的写作教学理念，包括对语言和学习的观点。写作教学设计的目标必须与具体的语言环境和学生的实际情况相结合。英语写作和学习总是跟我们面对的特定的学生和环境相联系。教学过程始于了解学生当前的英语作文水平、学习需求以及相关的教学资源、时间等方面的限制因素。在此基础上，教师要设置出学生通过努力可以达到的教学目标和教学设计方案，同时，要根据自己的教学理念、经验对学生学习内容、教学方法、教学

材料以及为达到写作教学目标所开展的教学活动进行选择。动态的评价能够确保对课程设计的每一阶段进行回顾、反思。就评定写作课程目标是否达到而言，我们可以通过写作任务的有效性、写作内容的适宜性、写作资源的丰富性等多方面因素来进行评定。

（一）学生需求因素

设计写作课程计划时，首先要思考的问题是学生为什么学习写作。了解、分析学生的学习需求是确保写作教学有效性的基础。学习需求分析包含对学生学习的各种信息的了解、评估以及写作课程怎么学、学什么。

需要是一个包含丰富内容的涵盖性术语，包括学生的学习目标、背景、能力、英语水平；他们学习英语的目的，喜欢的教学方式；他们需要在什么样的环境下写作，在这样的环境下，学生需要具备的知识与技能。它还包含以不同的方式分析学生知道什么、不知道什么、想知道什么。满足学生的需要，让学生写作技能产生立竿见影的效果并不总是一件简单的事，需要教师认真分析现实和目标需要之间的不足。教师要凭借自己的价值观、教育理念、教学哲学，通过自己的分析，构建自己的学生需求印象，也要重视区分学生现实情况分析和未来情况分析。现实情况分析是指在写作课程开设时学生能够做什么、想要做什么。因此，资料的分析既具有客观性（年龄、英语水平、学习兴趣、社会文化背景、计算机应用能力、以往的学习经历），又具有主观性（自我认知需要、优点和不足）。目标情况分析是指学生在未来的写作环境中，知识和技能应该达到的程度，以及学生学习写作的目的、将来工作中需要使用的文体形式、未来工作的目标区域和语言使用的场景。学生的现实需要和目标需要在写作课程教学设计中应该放在优先考虑的位置。我们可以通过小组讨论、个体访谈、问卷调查、课堂观察、诊断性测试等方式了解学生学习需求情况。不同的方法适用于不同的问题领域，在调查中教师如果能够融合不同的方法，就能够对学生的学习需求有一个可靠的、全面的了解。一名优秀的英语写作教师应该知道在写作教学初期什么知识和技能是学生最需要掌握的，并能够以最有效的方式了解这些情况，从而为自己的写作教学设计夯实基础。

（二）学习环境因素

在设计写作课程教学计划时，教师除了要明白学生的学习需求外，还要了解学习环境对课程学习的影响、学生在学习过程中有哪些有利和不利因素以及教师、教学方法、教学设施、教学材料资源及写作课程与当地教学环境的关系。首先，要确定的是现有的教学资源能否支持课程教学的有效运行。教师是教学的主要因素，教师的教学经验、教学态度、教学专业知识、网络技术素养等对教学的成功有直接的影响。学校必须确保有足够的英语教学资源和网络设施。其次，学校机构也是学习环境需要考虑的一个主要因素。学校领导对课程教学的重视程度，以及学校对课程教学的政策制度、计划方案等都直接影响课程教学设计。最后，教师还应该对社会文化态度保持敏感，要思考语言、文化、现实生活、相关课程可能对学生的学习带来的影响。需要注意的是，写作课程教学时间的有限性不能够满足所有学生的需求。在日常教学中，教师用于收集、分析学生学习需求的时间也是有限的，教师通常在信息资料不完整的情况下进行课程计划的决策，其关键是在收集尽可能多的信息资料情况下，在课程开始前制订出一个具有科学性、针对性、相关性的课程实施计划。需求分析不是一件一劳永逸的事。每一门成功的写作课程的完成，都是教师不断地从实践中发现问题，分析、解决问题，反思、完善教学策略的过程。因此，需求分析是一个动态、持续的过程。

（三）课程教学目标的设置因素

网络写作课程目标设计是建立在对学生需求、学习环境分析基础上的，主要指的是教师和学生对写作教学活动所期望达成的教学结果与准则。其特点如下：教学目标是一个指标体系，有着较强的可操作性；教学目标十分灵活，可以由教师根据实际情况与学生的需求进行调整；写作课程的教学以课程目标为中心展开。

基于网络的英语写作课程目标在于：

（1）帮助学生认识到写作在提高思维能力、理解能力方面的作用；

（2）有效提高学生写作过程中的各项技能；

（3）在写作过程中，培养学生的英语语法能力和语言意识；

（4）让学生能够撰写论据充分、内容完整的论文；

（5）让学生能够评价、编辑他人的作品；

（6）让学生能够分析不同文章的结构和文体风格；

（7）让学生能够有效利用网络技术开展基于网络的读、写活动；

（8）让学生能够与同伴在网络上进行写作信息交流、作品互评活动。

课程目标的制定要从学生的实际出发，充分考虑到目标的可及性（学生通过努力能够达到）、针对性（所有的目标要有助于课程目标的实现）、可行性（在规定的时间范围内能够达成的目标）、明确性（模糊的、模棱两可的目标无助于学生的学习）。在教学过程中，教学目标的存在十分重要，正是因为教学目标存在，才使得学生对充分激发出自身对于获得优秀学习成果的心理期望，进而有足够的动力进行学习。若是能够完成阶段性的教学目标，学生就会获得无与伦比的满足感与继续学习的自信心，进而不断进步。设计写作课程教学大纲及每一个单元、每一堂课具体的教学内容对写作教师来说是一项具有挑战性的工作。为了使写作教学更具有科学性、系统性、可控性，课程目标的设计应该建立在对学习者背景、兴趣、期望值、能力、学习环境等因素清晰了解的基础上；应该充分考虑学生所在学习环境的、学校的、社会文化的限制因素和要求；应该经常性地进行教学反思和持续性的需求分析；要协调好教学任务、互动模式、写作机会之间的关系，而且需要在写作的各个阶段为学生提供支持性服务。

课程目标要灵活，并且也要根据新课程目标要求，按照协作知识建构本身所具备的特点和信息素养发展的根本需求，进一步加强对学生协作态度与协作能力等方面的要求。其中，协作态度主要指的是与人合作时的态度和兴趣等；协作能力主要指的是同别人交换信息或协同完成学习任务的能力；信息素养则是指借助网络的便利进行各种信息的收集、整理和加工的能力等。

四、基于网络的英语写作教学课程设计实施策略

（一）设计明确合理的教学目标

在进行教学目标的选择时，应当选择明确且有挑战性特征的群体目标。一般

而言，设计教学目标可以分为三个部分，分别是课时、阶段、单元目标。课型目标可以被划分为个体目标与群体规范两种类型。所谓群体规范，是指在课堂小组合作开展的知识构建活动中所商定、所有同学都需要遵守的"游戏规则"，比如，活动的内容、活动的时间、活动结束之后的评价方式等。群体规范在课堂教学中是非常重要的，它能有效地提高课堂效率并改善师生关系。切实可行的群体规范，既有利于构建良好的课堂内部环境，也有利于塑造一种快乐轻松的群体生活，能够在一定程度上强化学生的成就动机和进取心，进而使得学生能够养成并发展良好的课堂行为习惯。

（二）激发成员对群体的认同感

简单来说，元讨论指的是对讨论进行的讨论，人们借此能够进一步加深对群体过程与群体规范的了解，并加以改进完善。对于小组内的成员来说，元讨论的存在能够在一定程度上加深自己的参与感、认同感、归属感。并且，开展元讨论，能使学生之间进行积极交流与互动，进而形成良好的协作氛围与人际关系。一般而言，领导方式的不同能够营造出不同的群体气氛，进而通过群体气氛直接影响着群体效能的发挥。通常来说，互相尊重、理解的民主式的领导方式能够在很大程度上有效提升群体的工作效率。在网络英语写作课程教学当中，应当顺应时代建立起新型的师生关系，确保教师与学生之间以及学生与学生之间能够充分进行交流与沟通，并保持互相尊重。在教学过程当中，教师应当给予学生足够的自由空间，使得学生有充足的机会推动自身创造性思维的发展。

（三）重视教学效果的评价反馈

评价主要指的是在某些活动结束之后，人们根据自身体验所给出的反馈，通常有表扬、鼓励等形式。值得注意的是，评价的存在能使得团队的集体意识得到增强，也能使各成员之间更加和谐，有效促进团队的发展。同时，根据一些建议性的反馈，团队也可以按照实际需要进行反思与改正，以图进步。在反思的过程中，所有的小组成员都可以积极提出自己所了解的本团队在开展活动时有哪些出彩的地方，以及存在那些需要改正的问题。

第三节 网络环境下英语写作课程学习策略

一、英语写作课程的学习策略

（一）学习策略的定义

1956年，布鲁纳提出了"认知策略"，之后，学习策略作为一个完整的概念出现。国内外学者们从不同的角度对学习策略的特征进行了探索，但目前尚无统一的定义。国外学者的观点可以概括为以下四种：第一，学习策略是内隐的学习规则；第二，学习策略是具体的学习方法；第三，学习策略是学习的程序与步骤；第四，学习策略是学习的过程。

学习策略的相关研究始于20世纪70年代，发展于20世纪八九十年代。与此同时，二语习得理论得以不断发展，语言学界和教育界人士逐渐认识到学习主体研究的重要性，于是将研究的重心从教师转向学生，与学习主体密切联系的学习策略成为外语教育研究中的热点。Oxford（牛津）给学习策略下的定义是："学习策略是学习者进行的特定活动，其目的是使学习变得更加容易、快捷、自主，同时更具乐趣且更能够适应新情况。"策略的使用对语言学习而言是至关重要的，因为想要提高语言交流的能力，积极自主地参与是必不可少的，而学习策略的使用恰好能够帮助学生更好地去参与。Rubin（鲁宾）的定义是："学习策略是由学习者构建并直接作用于学习过程，旨在促进学习者语言系统发展的策略。"Nunan（努南）表示，策略是学习者为了学习使用语言而采用的心理上的、可交流的程序。研究者们对学习策略的定义进行了不同的阐释，但有一点是公认的：学习策略有益于新信息的存储与使用，有利于学习者学习责任感、学习自主能力和自我指导能力的提高，同时还有助于学习者的终身学习。[1]

关于学习策略的概念问题，自1980年以来，我国的学者们同样进行了深入的研究，并提出了他们的观点：第一，学习策略是指学习者在特定的学习情境中用以促进其获得知识或技能的方法的总和；第二，学习策略是指学习者在元认知的引导下，通过调控学习方法，乃至整个学习活动，达到一定的学习目的的学习

---

[1] 杨丽菲. 基于书面表达能力提高的大学生英语写作学习策略研究[D]. 武汉：华中农业大学，2014.

技巧；第三，学习策略是学习者学习过程中的有效规则、方法、技巧以及调控；第四，学习策略是学习者在学习活动中通过调控学习环节，达到一定的学习目标的操作过程。[①]

我们在了解各国的专家、学者对学习策略概念所作出的研究结果之后，能够明白，学习策略本身可分为两部分，分别是内隐和外显，它之所以产生，主要是因为教学活动的开展。另外，使用学习策略的时候会涉及很多学习方法，不同于常见的学习程序，学习策略的存在始终监视着学生的学习，并且可以适时进行调控。

（二）学习策略的分类

关于学习策略的分类，国内外学者从不同的角度对其进行了深入的研究。有学者在认知理论以及信息加工理论的基础之上，将学习策略划分为认知策略、元认知策略和社会情感策略。其中，认知策略包括利用目标语资源、利用关键词、推测、记笔记等；元认知策略有提前准备、集中注意、自我管理、自我监控、自我评价等；社会情感策略包括协作和澄清性提问。此种分类法是建立在实证研究基础之上的，全面且具有一定的代表性，已经被许多同行所借鉴和引用。还有学者将语言学习策略划分为语言学习策略和语言运用策略。语言学习策略有识别材料、组织材料等；语言运用策略包括检索策略、复述策略等。这种分类法在实际运用中有时会使人感到困惑，但有助于对输入型策略与输出型策略的区分，有利于语言的运用。

Oxford（牛津）综合考虑了前人的研究结果，提出了一个语言学习策略体系，此学习策略体系所涵盖的内容全面，在二语习得领域得到了广泛的认可，被许多研究者所借鉴和引用。Oxford（牛津）将学习策略划分为直接策略与间接策略，其中，直接策略有记忆策略、认知策略以及补偿策略；间接策略有元认知策略、情感策略与社交策略，同时，Oxford（牛津）对这六大学习策略进行了进一步的说明，如表 4-3-1 所示：

---

① 杨丽菲. 基于书面表达能力提高的大学生英语写作学习策略研究 [D]. 武汉：华中农业大学，2014.

表 4-3-1 Oxford（牛津）的学习策略分类

策略类型	基本策略	具体策略
直接策略	1. 记忆策略	A. 建立联系网络
		B. 运用形象和声音
		C. 认真复习
		D. 运用动作
	2. 认知策略	A. 练习
		B. 接受和传送信息
		C. 分析和推理
		D. 为输入和输出建立结构
	3. 补偿策略	A. 有效猜测
		B. 克服说和写的困难
间接策略	1. 元认知策略	A. 确定学习重点
		B. 安排和计划学习
		C. 评价学习
	2. 情感策略	A. 降低焦虑程度
		B. 鼓励自己
		C. 了解自己的情感状态
	3. 社交策略	A. 提出问题
		B. 与他人合作
		C. 产生共鸣

（三）英语写作学习策略应用的相关研究

曾经有国外的专家、学者选定了三位中国的研究生，使用半结构式的访谈模式对这三人的英语写作过程展开调查，经过研究之后，学者能够明显发现，这三位同学在进行英语写作的过程当中，使用的策略很多，经过总结之后，发现其包含认知策略、元认知策略、修辞策略、社交情感策略。另外，值得关注的是，在经过研究之后，学者能够明显发现，写作的熟练程度与元认知知识存在紧密联系。通过对以英语为第二语言的学习者进行写作策略的深入研究之后，我们能够明显发现，不管学生水平如何，所有的学生在进行写作的时候都会使用第一语言的辅助进行，也常常会使用诸如多次阅读、重复，或者自我提问以及多次修改编辑的写作策略，通常情况下，若是有着较强的写作能力，那么写作者就会更多地使用再次阅读、修正、头脑风暴等写作策略，相比之下，写作能力不足的很多写作者更多的采用自我提问、自我对话、编辑等形式的写作策略。为有效提升学生的英语写作能力，很多专家、学者开始研究写作能力提升的方法，比如，将写日记法作为英语写作的写前准备活动。除此之外，也有一部分人使用写前阅读法进行学生英语写作能力的提升。由此可见，近年来，越来越多的专家、学者开始对学生的英语写作策略进行各种方向上的深入探索，研究对象也涉及不同的国家与不同层次的学习英语的学生。值得注意的是，不同的学者对写作学习策略进行界定和划分时，也会产生不同的理解。而且，这些专家、学者也通过各种实证分析，全面论证了不同的学习策略的存在能够对英语学习者产生怎样的影响，且相关研究结果能够对学生在之后的英语学习当中提供指导。

除了国外的专家、学者对英语写作的相关策略进行研究之外，中国的很多专家学者也积极参与到这项研究当中，最终明晰了一点，即在英语写作方面，不同层次的写作者不管是文章整体的构思，还是写作中的侧重点等，都有着十分明显的差异。但是值得注意的是，对于英语写作者来说，自身所掌握的词汇量并不会对最终的写作质量产生较大的影响，唯有在与写作策略进行一定结合之后才能够充分发挥自身的作用。并且，很多时候，写作策略的使用可以进一步弥补词汇量不足的问题。而且，在中国的众多专家、学者的研究当中，可以明显发现，学生的写作成绩在很大程度上与元认知策略存在着联系，所以，重点训练学生掌握元认知策略做法的能够有效提升英语写作学生的英语写作成绩。诸多研究者通过研究英语写作策略的存在对学生的写作动机与写作成绩产生的影响进行深入分析研究之后发现，英语写作策略的出现能够在很大程度上有效提升学生的英语写作水平，并进一步增强学生的英语写作动机，进而有效提升学生的自我效能和内在价值。但是令人遗憾的是，这种策略教学的存在对于影响学生学业目标取向和外在成就价值方面有着局限性。

我国的很多专家、学者在近些年来就写作学习策略进行了广泛且深入的研究，其中涉及的研究对象是各种专业的学习者的写作学习策略，并针对不同的写作学习者的特点进行研究分析。值得注意的是，在进行具体的分析过程当中，诸多研究者由于自身的能力与理解不同，对写作学习策略的定义与划分也存在一定的差异，并根据自身的理解对其进行更加深入的研究探索，这进一步丰富了相关理论。但是令人遗憾的是，在对写作学习策略进行研究探讨的时候，国内的诸多研究者仅在知识层面进行了宏观的研究，并没有进行具体、实际、深入、全面的研究。

二、网络英语学习的优势及网络英语学习策略的研究意义

伴随新时代科技的飞速发展，互联网技术也逐渐成熟；电子计算机普及千家万户，越来越多的人开始在学习与生活当中广泛使用互联网，互联网已成为人们生存的第二空间。网络超越了时间和空间的限制，将全球信息资源以多种不同的方式实现了共享，把地球村里的每位社会成员都紧密联系在一起，为大家提供了一个全新的学习环境。因此，网络学习已成为世界教育信息化进程的一大标志，其带来的不受时间和地点限制的主动式、个性化学习方式引起了全世界教育界的广泛关注。

（一）网络英语学习较传统英语学习的优势

传统的英语教学以教师、课堂和书本为中心，以面对面的讲解、交流和板书为主要传递手段的教学方式有着悠久的发展历史，其理论体系较为完整。但在如今的网络时代，传统的教学方式面临着许多问题与挑战，比如，不能有效提高学生的学习兴趣、不能根据每个学生具体的水平和程度实现因材施教、不能与飞速发展的时代和社会保持一致等。而集个性化、多元化、交互式于一体的网络教学则能很好地弥补这些不足，它可以将多媒体计算机和网络技术应用于具体的教学实践中，以学生为主体，通过教师的引导，合理运用网络环境和网络信息资源，进而使得学生能够实现个性化学习的目标。另外，相比于传统的英语教学，现阶

段网络英语教学的优点如下：

1. *教学理念方面*

传统方式以教师为中心，以传授英语知识（例如读音、拼写、语法等）和英语学习经验为目的，侧重共性的培养。而网络英语教学则提倡以学生为中心，以培养英语能力（例如高水准写作、无障碍的听说交流、高效准确的双语互译等）为目标，依据个性化的原则进行教学，使学生有足够的学习空间和自由度，侧重培训学习者独立的个性、良好的学习习惯和独立的学习能力。网络教学以"学生的学"为核心，充分发挥学习者学习英语的主动性和积极性。学习者在网络中可根据自己的情况，主动地、有针对性地进行学习，成为英语学习的主动建构者和发现者，这明确了学生在语言习得过程中的主体地位。

2. *教学资源方面*

传统方式仅局限于英语教科书、配套教学参考书、录音听力材料以及图书馆的有限收藏文献资料，而网络教学资源覆盖了大量的英美及海外的英文电子文本、英文歌曲电影等音频视频制品、英文教材的配套电子课件及电子光盘等。海量、详实、地道、最新的全球网络教学和学习资源均可供师生在线观看或下载存储学习。网络多媒体以其图文声像和动画影像等途径，为英语教学提供了生动逼真的各种英语环境，实现了信息传播者和信息接收者之间的信息实时交互，也满足了学习者根据自己的进度与水平等选择学习内容、时间、地点等个性化需求。网络资源具有的变远为近、化大为小、变虚为实、化动为静等多元功能，可以将复杂抽象的概念具体化、形象化，使学生眼见其形、耳闻其声，并调动多种感官共同参与认识活动，激发学生的学习兴趣，加深其对所学知识的全面理解和系统掌握，从而提高教学质量。

3. *教学媒介方面*

传统教学方式以粉笔、黑板、实物展示、挂图和投影为主。而网络教学综合了计算机、网络、文本、图形、图画、音频、视频、动画、投影等多种媒体，集图像、声音、文字、动画和数值于一体，采用先进的三维人机交互界面，将信息接收、表达、传播相结合，多层次、多角度地打破了学习空间的封闭性和学习时间的分割性，从视觉、听觉与感觉等方面同时刺激学习者的神经系统，使得学习

113

者在动脑、动眼、动嘴、动耳和动手中积极开展思维活动,提高语言交际能力。师生可以通过网络视频、在线交流、BBS论坛或者电子邮箱等多种工具进行英语学习的探讨和交流。对学生中存在的共性问题,老师还可以通过群发的方式给予解答,这实现了及时有效的互动、反馈和交流,能够提高教学效果。

4. 教学组织方面

传统教学方式为大班集中教学,教学计划和进度统一,以教师讲授课本为主,学生课后练习为辅。而网络教学打破了时空限制,教学方式更加灵活多样。教师可以根据学生具体的英语学习水平和学习情况,随时随地调整授课计划和模式;学生可根据老师给出的课程进度在任何方便的时间、地点上网学习,决定学习进程;教师的教学组织方式也从课堂讲授转变为个别辅导,还能实现课堂教学、小组教学和学生的网络自主学习等个性化、差异化教学。

5. 师生关系方面

而网络教学则以学生为中心,打破了以往学习的限制,为学生的主动学习开辟了空间。在网络教学中,教师不仅是教学的信息源和信息传递者,更是课堂的组织者、管理者、引导者和监督者,学生也不仅是被动的倾听者和记录者,还可以在老师的指导和启示下,在网络平台中实现与教师的平等沟通和对话。

(二)研究网络环境下英语学习策略的意义

随着计算机网络和通信技术的发展,网络教学作为一种重要的学习载体,以其大容量、快节奏、自主性和多媒体立体互动等特点,受到了越来越多的学习者与教育工作者的关注。在网络教学中进行英语策略研究,将传统的学习策略理论移植进网络环境,有针对性地探讨网络学习策略,对英语学习者,特别是对英语教师来说,有着极其深刻的意义。

第一,英语教师通过对网络英语学习策略的研究,可以帮助学习者更快熟悉并适应网络学习环境,掌握辨别网络资源的轻重难易、筛选加工海量信息等能力,从而开展适合自己的网络学习。

第二,教师可以指导学习者在不断的实践中总结网络学习的经验和教训,进而教会学生针对不同的学习任务,有效选择、逐渐调整、不断丰富并灵活运用多种学习策略,以形成个性化特色的学习方法;有效利用网络平台来缩短学习时间,大大提高学习质量和学习效率,最大限度地、最高效率地实现让学生通过网络来学习知识和锻炼技能的目标。

第三,教师可以指导学习者在网络中获得大量内容丰富、图文并茂的信息资料,并通过网络的实时交互功能来模拟真实语言的使用环境、自测自评,从而更科学、更理性地对自身学习情况进行反思;帮助学生发现在网络学习过程中的问题和困惑,有的放矢地改进或解决。

第四,教师可以帮助学习者适应时代与社会发展的需要,教会学生学习,教会学生思考,培养学生独立学习的能力,使其获得自主学习知识的方法和终生自主学习的能力。网络学习策略的研究实质,是对学习者策略习得和应用的培训,是教会学习者如何学习,从而在网络信息社会里获得终生受用的学习能力。

第五,教师要努力培养具有较高信息素养的创新型人才。由于网络英语学习平台本身涉及诸如计算机软件、硬件、通讯、电子等相关技术,培养和训练学生的网络学习策略,帮助他们掌握网络的基本知识和使用技能,并便捷高效地从互联网上获取所需信息,这些做法有助于培训学习者的计算机网络文化素养,更有助于培养跨学科的复合型高素质人才。

三、影响网络教学中英语写作学习策略运行的因素

同传统的教学模式一样,网络教学中英语写作学习策略的选择及使用也并非孤立存在,会受到诸如文化背景、学习条件等环境因素和学习动机、学习风格、学习态度、性别、年龄、努力程度等学习者个人因素的影响和制约。这些因素在不同程度上影响着学习者网络英语写作学习的效果和状态,也决定了学习者在网络学习过程中会采取不同的英语写作学习策略。

有学者认为,影响学习策略的因素可综合为人格、情景和情感等。人格因素主要包括能力、认知风格和相关的先行知识;情景因素包括学习任务的特征、内容、难度以及评价作业的背景与有关作业教学的背景,这些因素具有可变性而情感因素主要涉及动机。还有人认为,影响学习策略获得的因素主要有:学习风格、

知识背景、信念、态度和动机，还有焦虑、性别和民族。下面具体分析几个影响因素。

（一）文化背景及学习条件

文化背景、学习者学习条件等，属于影响学习策略选择的环境因素范畴，在不同的程度上影响了英语写作学习策略的选择及其策略使用的成效。

1. 文化背景

语言作为人类文化的载体，必然与所承载的文化密不可分。社会性的人，其语言表现形式更受其所在地域、生活方式、行为方式、思维方式、价值观念、教育环境、宗教信仰等多种文化背景因素影响。因此，在对英语的学习过程中，不同文化背景的学生在学习策略的选择和使用上，会由于文化背景的不同而表现出明显的差异。与西方学生相比，中国学生更相信英语成绩的好坏主要靠自身的努力，更善于调动自己的主观能动性来提高自己的学习成绩，更愿意使用记忆策略帮助记单词、背课文，更倾向于使用逻辑推理式的英语写作学习策略。同时，这也是中国学生在使用英语进行口语表达或写作等语言输出任务时，经常会出现文化干扰现象的一个主要原因。

网络环境能够提供丰富的教学资源，从而为学习者提供更多的英语写作学习策略的选择。意识到英语写作学习中文化背景和社会知识的重要性，将有助于学习者选择适合的英语写作学习策略，如广泛阅读国内外报刊、与国内外英语母语者或英语写作学习爱好者进行交流、比较东西方文化的差异、更加深入了解英语这种语言所蕴含的文化背景和社会知识等，以此提高英语写作学习的效率及自身的文化素养，从而使学习者能够熟练、准确地使用英语进行沟通交流。

同时，在网络学习实践中，教师还需要考虑每种文化都有其独特的社会性，或多或少会与其他文化存在一定冲突。因此，与传统英语教学模式相比较，网络教学中多文化背景共存现象是不可避免的，这也势必成为不同教学策略选择和使用的一个重要影响因素。

2. 学习条件

学习条件是指社会环境、学校环境以及个人学习的物质条件，这些外界客观因素是英语写作学习策略选择和使用的重要制约因素。在传统英语教学模式下，学生处在教学楼、课堂、图书馆、实验室、操场以及家庭的学习场所中，主要是在课堂上听教师授课、课后看书本，学习者难以有充分的机会接触到真实的语言环境，不能在一个真正的英语环境里来训练语言的听、说、读、写等各项技能。

近年来，随着计算机、互联网技术的大力发展和教育学者对网络学习的重视程度增强，我国的英语写作学习条件已大为改观。网络教学摆脱了课堂、课本的局限，更多地依赖于多媒体和计算机网络。尤其是最近几年，随着移动互联网技术及智能手机的迅猛发展，网络教学更是可以做到随时、随地、随物，即网络提供的学习条件可以不受时间、空间限制，只需具备一台连入 Internet 的计算机，任何人都可以在任何时间、任何地方做任何事情。每个人都可以根据自己的需要通过网络进入成千上万的图书馆和资料库中获取各地的学习资源，还可以根据自己的学习兴趣、爱好、能力来选取学习的路径和学习内容。

丰富的网络资源和辅助的多媒体音频、视频等现代化技术，为学生提供了更多、更真实的英语语言实践场景。微信、QQ、MSN 等即时通信工具，语音、视频聊天工具和 BBS、facebook、twitter 等社交网络及微博等服务网站等多种途径的媒体介入，为学习者提供了充分接触丰富而真实的语言环境的机会，使他们以真实的参与者身份直接与英语母语者进行英语口头或书面的交流，为国内的英语写作学习者创造了良好的语言环境和实践场景，使其尽可能规避表达中的汉语思维，逐渐实现英语思维式的语言输出。此外，国外一些知名大学也提供了许多公开课的网址，借助网络，中国学生可以足不出户接触并感受到一些英美国家的教育方式，并在学习课程知识的同时更多地了解英语国家人们的思维方式、价值观念和文化习俗。

以上种种都在很大程度上改善了目前国内的英语写作学习条件，为学习者提供了更多可供选择的英语写作学习途径和资源，是影响英语写作学习策略选择和使用的另一个重要因素。

（二）学习动机和学习态度

在英语写作学习中，如果所有的学生都想学，对教师来说，日子简直太好过了。可见，学习动机和学习者的努力程度是影响学生学习的重要因素。英语教师若能清楚发现、激发并培养学生的学习动机，鼓励其端正学习态度、努力学习，在某种程度上可以促使英语教学达到事半功倍的理想效果。

1. 学习动机

学习动机本身能够在一定程度上有效促进学生积极学习，甚至还能够为学生提供激励作用。值得注意的是，学习动机本身会直接影响学生学习成果的获得，若是有着较强的学习动机，学习者就能够在很大程度上获得良好的学习成绩。一般而言，在英语学习方面会存在两种学习动机，一种是融入型动机，另一种是工具型动机。其中，融入型动机需要学生对于自己所加入的社团有着一定的了解和兴趣，进而表现出想要融入其中的心理冲动；工具型动机则是指学生的最终目的是获取利益，比如，在考试当中取得好成绩，或者在工作中获得职位上的晋升。

从教育心理学的角度来分析，学习动机既包括学习英语的动力，也包括学习者的努力程度。因此，从教育心理学来看，学生学习英语的动力无外乎如下两类：第一，学习是因为表层的物质刺激，如文凭、好工作、高工资等，称为表层动力；第二，学习是因为深层的非物质刺激，如兴趣、增加知识等，称为深层动力。对于学习者来说，动机的存在能够在很大程度上激发自身的学习欲望，使他们有目的、有动力开始努力，而这也正是学习者的努力程度因素，其主要是指学习者花在英语写作学习上的时间和精力。

由于网络学习有虚拟性、开放性、自主性的特点，所以网络学习环境缺乏传统课堂学习中的固定学习时间、固定学习环境和固定人际关系等稳定因素，学习者需要自主选择学习内容、学习时间和学习策略。因此，学习者的学习动机和努力程度也由于不同学生的个性、参与性和灵活性而显示出一定的差异性、动态性和不确定性。

在具体的英语写作学习过程中，学习者将抽象的策略性知识通过自己的理解和实践，具体化、概括化并逐渐内化为具有自己特色的学习方法或技巧，其使用频率和使用效率直接受学习者学习动机的影响。例如，如果学习动机较强，学习者学习主动性就会较强，努力程度就会更高，更会经常有意识或无意识地使用他们习得的策略，学习效果会更理想；若学习动机较弱，学习者在使用策略方面便会相对迟钝，努力程度降低，导致学习效率的下降。

根据认知策略、元认知策略和社会/情感策略理论，借鉴并结合网络环境下自主学习的特征，对某高校英语学院英语专业本科生进行调查，研究网络环境下学生学习过程中学习动机与策略的选择和使用频率。在研究中，根据研究的目的与对象的特殊性，研究人员将学习动机分为深层动机与表层动机。研究结果表明，深层动机对学生的学习策略大于表层动机，学生在网络学习中使用最多的学习策略是认知策略，使用最少的是社会/情感策略。在研究者调查的三种学习策略中，社会/情感策略所受学习动机强度的影响最大。

比较学习动机在网络学习环境和课堂教学环境下对学习结果的影响，结果表明：学习动机和学习结果之间有着显著的相关性，而网络学习动机和学习结果之间的相关性则更高。在网络英语写作学习中，深层动力学习者和表层动力学习者针对英语写作学习往往采用不同的学习策略。相比较而言，深层动力学习者在网络学习中会表现出更大的热情，采用更适合的学习策略，学习效果也更好一些。

总之，网络作为英语写作学习的新平台，为英语写作学习者提供了全新的学习环境，可以充分发挥学习者的主动作用。面对网络学习环境下大量的学习资源和充分的自主权，学习者能够主动、积极、有效地选择、接受和理解信息，其动力来源便是学习者的动机。作为网络自主学习过程中的核心因素，学习动机不是一个单独的存在，它影响着学习者的努力程度和学习过程，又受努力程度和学习过程所影响，是相互作用的结果。学习者应充分利用网络教学所提供的大量资源和多种途径，用心、用时地把对学习动机的激发和维持始终贯穿于英语写作学习过程中，并正确认识自己的信念、情绪和动机三者之间的关系，从而更加全面地提高自身对英语的掌握和运用能力。

2. 学习态度

学习态度主要指的是学习者在面对学习的时候所表现出的态度，或是肯定的，或是否定的。值得注意的是，对于任何一种学科的学习来说，学习态度的存在都是至关重要的，学习态度的好与坏能够直接影响最终的学习效果。在英语写作学习当中，学习态度的好坏会直接影响英语写作成绩，并且，相比于其他学科，英语写作受到学习态度的影响更大。

态度和动机有着紧密的联系，学习态度通过学习动机来影响学习成绩，决定学习者在多大程度上积极投入到语言学习中。一般来说，影响语言学习的态度有两种：一种是学习者对自身在学习过程中扮演的角色所持的态度，另一种是学习者对自身学习能力所持的态度。由于学习者的表现不同，学习态度大致可以分为自觉型、兴趣型、说服型和强迫型。前两者受内在动机支配，属主动学习型；而后两者则受外在动机支配，属被动学习型。

不同于传统的英语课堂学习环境，网络英语写作学习环境中的学习更多是个体的、自主的学习，不可能时时都有教师的引导和周围同学的陪伴，这对学生的学习态度提出了更高的要求。因此，在网络学习中，对英语文化和网络使用感兴趣的学习者更容易建立起有利于英语写作学习的积极学习态度，这种积极的学习态度反过来又会促进英语写作学习，能使学生获得更大成功；而对英语写作学习不感兴趣的学习者，在开放的网络学习中更易产生消极的学习态度，消极的学习态度往往会导致失败，失败又进一步导致更为消极的学习态度，以致恶性循环。所以，只有端正了学习态度，学习者才能积极主动地上网学习，并制定学习计划、确立学习目标、判断和选取难度适中的材料、评估并反馈自己的学习，在丰富多彩的网络资源中抵制与学习无关信息的干扰，不断调整自己，改变因不适应、玩乐诱惑或者技术因素产生的排斥、厌倦、缺乏信心等消极态度。

综上所述，作为与英语写作学习成效密切相关的非智力因素，学习态度与学习动机一起影响学习者对语言学习策略的选择和使用。积极的学习态度有助于更多、更有效地使用学习策略进行学习，而消极的学习态度不仅会阻碍学习者成绩的提高，还会影响学习者身心的全面发展。在学习过程中，教师和学生都要特别关注和重点培养积极的学习态度，关注有可能影响学习态度的各种因素，进一步完善学习者对英语写作学习的理解，以达到有效使用各种学习策略来提高语言知识和使用能力的目的。

（三）学习风格和学习者性别

1. 学习风格

学习风格是学习者持续一贯的、带有个性特征的学习方式，是学习策略和学习倾向的总和,是学习者在一定的生理特征基础上,在长期的学习活动中形成并表现出来的相对稳定的独特认知方式和处理信息的方式。虽然学习风格具有鲜明的个性特征和稳定性,但在英语写作学习的过程中,学习者若能有意识、有目的地培养并发展适合自己的学习风格,就能促进有效学习策略的形成和使用,也能进一步提高语言学习的效果。

目前,学习风格主要有两类分类:第一,场依存型和场独立型等提出的分类认知方式的学习风格分类;第二,视觉型、听觉型、触觉型、小组型、个人型和动觉型提出的感知信息方式的学习风格分类。

根据场理论,可以把学习者划分为场依存型和场独立型两类。场依存是指个体依靠整个场,使部分镶嵌于整体之中的能力。场依存者易受外界因素的干扰,喜欢参加社会活动,不善于作定向的分析,在决定自己的态度和信仰时喜欢参照其他人的看法和行为,倾向于以外部参照作为心理活动的依据。与之相反,场独立是指个体从一整套思想、观点或感情中加工出具体的、相关的要素的能力。场独立者不易受外界因素干扰,对各种事物和行为的非人格化、抽象化的方面会表现出更大的兴趣,能洞察出超越事物本身以外的事物间的相互关系,即能借助视觉线索或直觉顿悟。

关于不同学习风格的学习者对学习策略的选择,视觉型的学习者倾向于通过视觉的渠道来感知新信息和新内容,习惯亲眼看到文字或图画才能更好地学习,偏爱通过默读文字材料来学习;听觉型学习者善于通过声音、聆听来接收信息,喜欢听胜过喜欢读,偏爱集中注意力听老师讲解;动觉型学习者通过参与活动获得最佳的学习效果,喜欢读、写和动作表演;触觉型学习者喜欢通过自己动手或亲身体验来获得知识,一边动手操作一边学习,如制作模型等;群体学习型学习者喜欢与人互动,他们与其他同学一起学习时能取得更佳的效果;个体学习型学习者在独立学习时思维更清晰,理解更佳,取得的进步更快。

2. 学习者性别

学习者性别并不直接影响英语写作学习者策略的使用,它一般是通过对学习者学习风格的影响,间接影响策略的使用。通过研究不同性别学习者在学习风格上表现出的一系列差别,我们可以得出结论:无论是从统计的角度,还是从逻辑推理的角度来看，语言学习策略与学习风格都紧密相连。男性和女性学习者在感知模式、认知模式、反应模式、知识加工模式及使用左右半脑方面均存在着一定的性别差异，而这种性别差异对学习者的学习风格产生了直接的影响，从而也影响了不同性别学习者对语言学习策略的选择和运用。有学者曾对学生的英语写作学习策略使用的性别差异进行调查，结果表明：在网络学习环境下，学生的元认知策略存在性别差异，女生元认知策略的平均值高于男生。在网络学习中，由于男性和女性在对计算机网络的喜好、信任和焦虑等情感因素等方面存在差异，男性往往较女性更容易接受网络学习方式，他们的主动性更强。男性在通过网络获取特定目标和相关信息时，其表现明显优于女性；当利用网络搜索信息时，男性在通过网络搜索信息的方式上更灵活，单位时间里点击了更多的链接，探寻了更多的链接点。而女生在搜索方式上比较单一，她们会花费更多的时间来阅读某个链接点上的文档内容。因此，男性通过网络获取的信息明显多于女性。但是由于网络学习中互联网功能及用途的多样性，男性学习者的注意力更容易偏离语言学习。综合考虑学习动机、自我效能感及意志控制力，在网络学习中，女性学习者的英语写作学习策略使用水平高于男性。

（四）年龄、性格及其他因素

1. 学习者年龄

在英语写作的学习这一方面，年龄会产生很多影响，比如，认知方面、情感方面和学习策略的选择方面。鉴于语言学习的普遍性和适用性，任何年龄开始学习英语都有可能取得成功，但学习英语的起始年龄会较明显地影响学习的速度和效率，在语法、词义和词汇方面，如果学习时间相等，儿童比成年人会表现得更为出色。起始年龄也决定了英语能达到的精确效果，尤其在英语写作方面。同时，年龄对语言学习策略的形成和使用有着非常明显的影响。学习者的认知能力、认知方式随着年龄的增长而增长，而这些又会直接影响学习策略的形成和使用。

2. 学习者性格

在与周围世界发生联系时，人的心理一般有两种指向，或可称为定势。一种定势指向个体内部世界，叫内向；另一种定势指向外部环境，叫外向。内向性格安静而富于想象，勤思考却退缩，害羞且极具防御，对人的兴趣漠然；外向性格则与之相反，善于交际而好动，坦率、随和、乐于助人，易于适应环境。

性格类型可以直接影响学习策略的形成和使用。关于学习者的个性与第二语言习得成就的关系，应用语言学家有两个基本假设。第一个得到广泛研究的假设是外向型的学习者在习得基本人际交往技能方面优于内向型的学习者，其原因在于外向型的学习者爱交际且擅长交际，能抓住更多的机会去练习目的语，敢于主动开口与他人建立关系，善于创造、把握语言学习和使用的机会，会得到大量的输入和输出的机会。第二个假设认为内向型的学习者在发展语言认知学术能力方面成功的机会多于外向型的学习者，因为内向型的学习者做事专注且深入，他们会将更多的时间用于写作和阅读，其研究更专注，因而会更多地享受到成功的乐趣。

第五章　网络环境下英语写作实践教学模式

当下是网络时代，高超的互联网技术为英语写作教学提供了有力的辅助。本章为网络环境下英语写作实践教学模式，主要阐述了"以读促写"的英语写作教学模式、"生态化"大学英语写作教学模式以及"翻转课堂"大学英语写作教学模式。

第一节　"以读促写"的英语写作教学模式

在高校英语教学的实践过程中，尤其是在写作教学中，英语写作能力的提高与阅读质量的提高息息相关。阅读是写作的基础，写作需要通过阅读来提高。然而，在大学英语教学领域，目前尚缺乏系统梳理"阅读"和"写作"关系、相对完整地分析"以读促写"的教学设计的专著。因此，我们将对如何处理好"阅读"和"写作"的关系，以及如何将两者结合起来进行探讨，试图探索出一条有效的、"以读促写"的英语写作教学之路。

一、"以读促写"的理论依据

（一）英语写作教学研究的发展

就英语教学而言，英语写作技能是综合语言技能中四种语言技能的一种，在英语学习中占有举足轻重的地位。写作不仅能帮助学生理解文章的内容，也能够使他们提高语言表达水平和交际技巧，同时，还有助于培养他们灵活运用所学知识来分析问题和解决问题的能力。在多种语言的教学与考试中，写作都占据着至关重要的地位，几乎在每一次英语测试中，都包含着写作方面的考查。因此，写作一直是我国英语考试项目中最常见,也是让学生感到最难的一项内容。正因为写作对英语学习的重要性,英语写作的教学尤为重要。目前,我国高校英语专业开设了一些有关写作方面的课程,但是这些课程并不能满足学生实际需求,更无法培养出符合社会要求的人才。因此,英语写作教学是教学中难以开展的部分。正如 Kaplan(卡普兰)所说,句子是以块状结构构成的语言形式,它们是需要学习的,它们不会因通晓母语而自然而然地知道如何用外语写作。Winterowd(温特洛德)也认为:"众所周知,写作包括:创造性地选择内容,合理安排结构和风格,有效运用语法、词语及句子结构。"[1]学习英语时,最主要的就是要学习英语的建构、组织与表达思想,那些把英语作为母语的学生都需要学习这些内容,所以那些把英语作为外语的学习者更需要学习这些内容,而且他们还要学习英语语言的基础、修辞等内容。

鉴于写作在二语教学中的重要性和艰巨性,国内外学者对此做了大量的研究。通常认为,二语写作教学在 20 世纪末逐渐发展成为一门独立的学科。在过去的十几年中,英语写作教学的研究得到了迅速的发展。总体来说,这些研究主要围绕以下课题展开:写作的评价标准、二语习得与写作、影响写作的因素、不同群体的写作、写作的语言特征。

同时,国内学者的注意力集中在中国学生掌握英语写作技能的策略、英语写作的教学法、影响英语写作技能提高的因素等方面。另外,很多研究者的研究结果都显示:中国的学生在英语写作表达能力方面非常薄弱,专业和非专业学生在英语写作测试中平均得分较低,主要的问题出在语法错误、句子的逻辑衔接不好、缺乏细节支撑、没有主题句、内容贫乏空洞、缺乏创新、写作速度慢等方面。

综合上述研究成果,我们不难看出,国内外学者在英语写作教学的研究方面已经取得了很大进步,但学生的英语写作成绩仍不容乐观,这一领域依旧存在着大量的问题。关于如何将理论成果转化为实践教学模式及如何构建出一套教学模式来解决这些问题的研究依旧很少。所以,要想让英语写作教学能够获得更大的进步,就需要我们去建构一种综合的、适用的、高效的英语写作教学模式。当我们对中国学生学习英语的方法进行研究时就会发现,这些学生在阅读上花费的时

---

[1] 裴娣娜. 教育创新与学校课堂教学改革论纲[J]. 课程教材教法,2012(02):68.

间是最长的；对考试的内容进行研究我们也可以发现，阅读题占试卷内容很大一部分比重。所以，在这种情况下，对英语的写作教学就可以采用阅读与写作相结合的方式来进行，也就是通过阅读来促进写作。

（二）"读写结合"的理论依据

1.Krashen（克拉申）的语言输入假设

在 Krashen（克拉申）的二语习得理论的五个假设中，"输入假设"是最为重要的一种假设方式。详细地说，语言输入假设就是要让语言学习者掌握语言技能，大量接触可以进行交流的外语语言材料，然后通过大量阅读的方式对英语阅读材料的内容进行理解，从而在具体的语境下对语言进行理解。① 当然，要达到对语言的全面掌握，学习者还要具备以下条件：

（1）接触的语言是可以理解的，并且略高于学习者的语言能力；

（2）非语法程序安排，即不能按照我们平常的那种语法教学程序来安排语言学习；

（3）足够量的语言输入。当具备这些条件后，语言习得者的写作能力（输出的一部分）会自然产生。

2.Swain（斯温）的语言输出假设

Kiashen（克拉申）的语言输入假设遭到了很多研究者的反驳，他们认为没有"输出"的语言习得是不可能的。Swain（斯温）的语言输出假设正是在这一过程中发展起来的，同前者一样，这一理论是语言习得理论中最为重要的两种理论之一。Swain（斯温）的语言输出假设认为，语言学习者要想完全掌握外语的语言能力，就一定要进行"可理解的输出"，也就是语言学习者在对英语的内容进行吸收、理解与思考后，可以运用写作或者口语的方式进行输出，这才是对这门外语真正的有所掌握。② 同样，通过输出进行语言学习也必须具备以下条件：

（1）有大量可理解的语言输入；

（2）对输入的语言进行分析和思考；

（3）注重使用输入语的言语规则进行输出。

---

① 王连捷. 我国英语网络教学现状研究 [J]. 南昌教育学院学报，2012（01）：163.
② 王连捷. 我国英语网络教学现状研究 [J]. 南昌教育学院学报，2012（01）：164.

3. 输出—输入理论对写作教学的启示

曾亚平根据"输出—输入"这一理论假设，在《英语阅读与写作研究》这本书中指出，英语阅读可以给学生提供丰富的语言知识、培养语感、提供语篇结构等作用，对英语写作教学很有帮助。所以，在英语教学的过程中，我们可以将阅读教学与写作教学结合起来。

二、"以读促写"的英语写作教学方法与教学实例

根据以上理论，我们有充分的理由相信，将阅读和写作结合起来，一定能提高我们英语写作教学的效果。那么，我们应该如何将"输入—输出"理论假设运用到教学实践中去呢？下面，从以下几个方面来设计运用"输入—输出"理论，简单来说，就是把英语阅读教学与英语写作教学结合起来，构建出一种阅读促进写作的"阅读—写作"教学模式。

对"输入"假设进行研究我们可以发现，阅读不仅有获得信息的作用，而且对于写作这个语言输出的方式也有着举足轻重的作用。因此，在阅读教学中，我们要培养和发展学生的语言表达能力。从阅读过程来看，"以读促写"教学应以"文本理解教学法"为主。然而文本理解要求在阅读教学中培养学生分析和解读文本内容的能力，也就是引导学生去思考、感悟、积累并应用文本信息来进行表达或交流。"文本理解教学法"是指教师以语篇理解为目的，精心设计若干问题，让学生写好文章中心思想、段落大意、主题内涵等内容，然后在此基础上，再让他们把这些内容进行适当地加工和整理。这种教学模式有利于学生在写作中应用阅读中所学的语言点，可以使学生对文本的理解更加深化。

下面，以莎剧《哈姆雷特》中的经典独白为例，简单谈谈"以阅读经典来促进写作"的教学模式。

Hamlet

Act3，Scene1，Lines55-86

To be，or not to be？ that is the question：

Whether 'tis nobler in the mind to suffer

The slings and arrows of outrageous fortune,

Or to take arms against a sea of troubles,

And by opposing end them？ To die：to sleep；

No more；and by a sleep to say we end

The heart-ache and the thousand natural shocks

That flesh is heir to,'tis a consummation

Devoutly to be wished. To die, to sleep；

To sleep：perchance to dream：there's the rub；

For in that sleep of death what dreams may come

When we have shuffled off this mortal coil,

Must give us pause ：there's the respect

That makes calamity of so long life；

For who would bear the whips and scorns of time,

The oppressor's wrong, the proud man's contumely,

The pangs of despised love, the law's delay,

The insolence of office and the spurns

That patient merit of the unworthy takes,

When he himself might his quietus make

With a bare bodkin？ who would fardels bear,

To grunt and sweat under a weary life,

But that the dread of something after death,

The undiscovered country from whose bourn

No traveller returns, puzzles the will

And makes us rather bear those ills we have

Than fly to others that we know not of？

Thus conscience does make cowards of us all；

And thus the native hue of resolution

Is sicklied o'er with the pale cast of thought,

And enterprises of great pith and moment

With this regard their currents turn awry,

And lose the name of action. — Soft you now!

The fair Ophelia! Nymph, in thy orisons

Be all my sins remembered.

限于语篇难度，在阅读这篇独白前，教师需要做好以下工作。

首先，引导学生了解上下文语境。教师可以大致介绍（或要求学生课外了解）选篇的出处及其在上下文中的作用，以便激发学生阅读的兴趣。这篇著名的独白发生在这样的背景下：丹麦王子哈姆雷特听到父王新逝，回家奔丧，而参加的却是母后与叔父的婚礼。先王的魂魄在夜间显灵，告诉哈姆雷特自己是被其叔父克劳迪斯与母亲共同谋害的。此时，一方面是自己敬爱的父亲，另一方面又是握有重权的叔父和亲爱的母亲，哈姆雷特无法释然，想以死来获得解脱，但他并不能确定死亡是否能了却一切苦难和煎熬，于是陷入犹豫彷徨之中。然后，教师应该引导学生攻克语言关。教师可以要求学生课后查阅相关词汇，理解相关句式；在教学的过程当中，教师可以对学生进行一定的引导，可以运用很短的时间来解决学生的词汇问题；与此同时，教师还可以在解决阅读词汇的时候对写作词汇进行一定的讲解，这样学生就可以将词汇学以致用，不仅加深了自己对阅读的理解，而且还提高了自己的写作能力。

其次，做完前期工作后，教师就可以正式进入写作教学中了。与阅读息息相关的是对文本内容的归纳复述。教师可以询问一下问题 Can you use your own words to tell us what this excerpt is about？What is Hamlet's worry？How do you understand Hamlet's hesitation of "to be, or not to be"？What is Hamlet's concern of after-life？在完成这个步骤后，教师可以将已经讲解过的英语词汇内容，结合原文的实际内容，让学生运用已经学会的词汇并结合自己对文章的理解，输出一段自己的语言理解，从而为写作进一步打下坚实的基础。

再次，教师还可引导学生结合自己的生活经验与生活体会，对文章进行升华，这时教师可以向学生问以下几种问题：How do you understand Hamlet's situation？What do you think about death？Have you ever faced any situation like Hamlet？How do you deal with the dilemma？通过这些问题，学生会被引导去思考文中出现

的死亡、犹豫不决、选择等问题。

最后，再做好以上铺垫之后，学生进入正式的写作阶段。其实，读书的终极目标就是写作。在阅读阶段中，教师可以让学生明确文章的主题，然后指导学生从生活实际出发，选择合适的材料，并把这些材料组织起来。经过这一步后，相信有很多同学在选段方面都已具备了良好的理解，并能将其阅读中获得的经验与写作联系起来。要想把想法变成文字，写出主题性很强、逻辑连贯的文章，教师可以引导学生把整篇文章分成几个小段落来训练。写作完成后，文章还要经过多次修改。经过多次这样的写作训练之后，学生就会在写作中找到属于自己的风格与特色。学生就可以在拓展知识的过程中，学习怎样生成思维、怎样整理思路，并把想法应用到写作中。

"以读促作"是一种以阅读促进习作的教学方法，它要求教师在备课时充分重视教材中的内容与形式，并结合学情来确定合适的教学方式。研究发现，长时间运用这种方式，学生写作水平势必有很大提高。而且以上教学过程对"以读促写"教学模式进行了宏观设计，同时，教师也可指导学生复述、重写、归纳、续写和补写文章。

第二节 "生态化"大学英语写作教学模式

一、网络时代大学英语写作课堂生态失衡现象及对策

（一）生态失衡表现

1. 生态结构失衡

第一，教学用书太陈旧，不能与网络多媒体的各种优点相结合。尽管英语信息化教学政策已经实施多年，但是没有在大学英语的教材内容和结构上进行过调整，传统教学模式仍占主导地位，而且也未能体现网络化的特点。因此，很多教师在使用网络多媒体教学时，缺乏一定的目的性与针对性，无法与特定的网络多媒体结合起来，也不能充分地发挥网络多媒体所具有的有利功能。在此情况下，

大学英语教师就应该及时更新自己的教育观念，改变教学模式。第二，大学英语写作课堂的布局结构还存在一些不合理的地方。在英语写作课堂中，教学是一个有机组成部分，一起附属于大学英语写作课堂的生态系统中，所以英语写作教学的作用是非常重要的。在设计与安排大学英语写作课堂教学时，教师应该考虑到整个系统的协调发展，使之形成一个有机整体。但是目前国内大学英语写作课堂布局难以实现网络化、信息化的标准，而且在许多大学教室里，仅有部分教室装上多媒体和其他装置，有的教室还是继续沿用传统布局模式，即便安装了计算机和多媒体的教室，也可能会因为连不上网，而使其空有其表里，没有在真正意义上实施网络化写作教学。

2. 内容生态失衡

将英语写作的内容与网络的多媒体设备相结合就是网络多媒体教学，这种教学方式具有信息化的特征。但是在当前的英语写作教学过程中，英语的教学内容很难与多媒体的传媒设备结合起来，所以，英语的写作教学与其他教学相比严重失衡，无法将多媒体教学的优势发挥到最大。具体来说主要表现在以下两个方面：第一，教师在制作教学方案时，依然是按照原来的套路与模式进行设计，并没有真正地将网络多媒体与教学结合起来，只是简单的在原来的传统教学方式上披上网络信息化的外衣。第二，很多高校教师与学生都认为，网络多媒体教学只是一种教学手段，然而这种想法并没有真正地理解多媒体教学的精髓，所以英语的写作教学一直处于较为低级的状态。

3. 心理生态失衡

师生的情感内容与教学情绪构成了大学生英语写作课堂的生态系统。若每一位教师与学生都能够保持端正的教学与学习态度，并有一个良好的教学心态与学习心态，就一定会形成良好的心理生态氛围。但是将网络多媒体运用于英语写作课堂教学后，有许多教师开始"退隐"，开始躲藏在多媒体设备的背后，用鼠标操作，在教学过程中让同学们观看屏幕，观看幻灯片。这样一来，学生的注意力往往被分散到其他事情上。甚至还有教师在脱离麦克风、PPT 后，便不知怎样进行课程教学。还有教师即使在课堂上做课件演示，因为不会使用，所以也就更谈不上与学生互动。由此也就可以发现，这种过分依赖电脑、多媒体设备的教学方式，对英语写作教学非常不利，而且也会给师生之间的沟通造成阻碍，让教师渐渐形成一种惰性。

4. 文化生态失衡

对高校英语课堂的教学内容进行观察后，我们可以发现，教师在教学时对中国文化的讲解十分少，因此在高校英语教学过程中，我们在讲解英语文化背景、英语写作技巧、阅读知识的同时，也不能对中国文化的介绍完全忽视。如果在英语课堂上只讲解英语知识忽视中国文化，英语课堂就会出现英语教学文化严重失衡的现象。所以在大学英语教学过程中，我们要做到中西文化结合，要将两种文化放在平等的地位上，也只有这样才能保障文化生态的平衡。

（二）应对措施

1. 调整英语写作课堂的生态结构

大学英语写作课堂结构的不平衡主要表现在教学课堂与网络多媒体之间的不平衡与脱节，想要转变这一局面，教师需要强化英语写作课堂与网络多媒体之间的整合，充分挖掘两大要素的长处。研究发现，教师和学生对英语课程的喜爱程度、对待写作的热情以及他们的心理状态等因素共同决定着整个英语教学系统的健康与否。因此为了达到这一目的，我们有必要尽心剖析传统写作课堂与网络多媒体各自的特征，找到它们的切合点，让两者完美结合。另外，还应加大多媒体设备在大学教室中的推广力度，把网络与写作课堂联系起来，力求物尽其用，从而提高学生的写作水平。

2. 优化教学内容

把英语教学内容与网络多媒体技术有机结合起来，是改变我国大学英语写作课堂生态系统不平衡状况的主要途径之一。在当前英语教学中，学生写作过程缺乏主动性和积极性，写作效果不佳。这就需要网络多媒体模式的支持，要对传统教材与教学内容进行整顿。教师在备课过程中，应抛弃原有写作教学的传统模式，用发展与创新的眼光来审视网络信息化，提高自身教学水准，转变自身写作教学内容，在大学英语写作课堂内形成各因子的良性循环。同时也可以从不同角度出发，采取多种方法来优化大学英语写作课堂教学过程，提高学生们的写作水平，如利用校园网内网站共享写作教学资源、借鉴别人制作好课件的方法。从对网络教学的看法这个角度来看，我们不能仅仅认为多媒体是一种教学手段，而是应该将其纳入写作教学内容之中，并将其转化为写作教学内容。另外，在使用过程中，我们不仅要让学生掌握一些基本方法和技巧，培养学生运用语言的能力，还要力求中国文化与外国文化在教材中不偏废。

3. 促进师生关系和谐化

在大学英语写作课堂的生态系统中，学生和教师是两个密切联系的因子，两者之间的关系影响着教学的生态平衡。所以，只有处理好二者之间的关系，让二者和谐，才能保障教学系统的生态平衡。在教学过程中，学生知识的来源可以通过网络来获取，而不是只局限于老师的传授。但是我们不能因此而忽视老师在教学过程中的作用，教师除了传授知识外还有对学生进行人格培养的作用，所以我们要始终保持对教师尊重的态度。但是教师要注意，不能总是让自己处于一种居高临下的状态，也不能把学生看作是一种只容纳知识的容器，而是要与学生保持良好的沟通与情感交流，从而保障两者关系的和谐。

4. 改变对网络设备的依赖心理

在教学的过程当中，教师运用多媒体设备与网络信息覆盖设备来进行教学，可以减少很多工作压力与工作任务。举例来说，当教师让学生进行英语写作练习时，可以运用多媒体设备来进行讲解，而教师则不再需要有过多的讲解。但是需要我们注意的是，多媒体设备是不能完全代替教师的，教师在整个教学过程中应该还是处于主导地位的。另外，教师也需要注意在教学过程中不能过于依赖多媒体设备，避免产生懒惰的心理，从而影响整个教育系统的运作。教师应该合理运用这些多媒体设备，并不断提高写作教学质量。

二、生态化大学英语写作教学模式的构建措施和教学实践

（一）构建措施

1. 使大学英语写作课堂能够让竞争与互助并存

在高校英语教学的课堂中，有很多影响教学环境的生态因子，其中大班式教

学是影响教学环境的重要因素，不利于教师开展针对性教学，因此，想要规避这个因素，教师需要采用小组合作的方法进行教学，详细地说就是教师将班级中的同学按照英语水平分成高、中、低三个层次，每个层次分成一个小组，每个小组作为一个整体，然后小组之间形成一种竞争关系，在各小组之间的竞争中促进大学英语教学课堂的进步。但是需要我们注意的是，在小组内部，成员之间不是相互竞争的关系，而是友好和谐、相互促进的关系，要形成共同进步的学习风气。研究发现，这种组外相互竞争、组内相互帮助的英语写作教学模式不仅可以促进学生个体的发展，还有利于让学生在写作课堂中获得平衡与和谐。

2. 确定符合生态化的大学英语写作教学目标

应试教育是我国大学英语写作教育中长期打下的一个印记，这样的教育方式让很多的师生只看重考试分数，而忽视真正意义上的语言技巧训练，让整个课堂教学生态系统遭到了严重损害，不能促进个人的持续性发展。目前，大学生们对英语学习的积极性不高，没有足够的兴趣进行阅读与写作能力的提升。在此背景下，教师可以把教学目标分为多个阶段性目标，写作训练的内容可以字数不限、形式不限、内容不限，并形成一种语言输入和输出的有机融合，从而让大学英语写作教学实现生态化。

3. 促进大学英语写作课堂的多元互动

从教育生态学的这个角度来看，在大学英语课堂生态教学中，教师与学生均为组成因子，并且二者之间是以平等、配合的关系参与教学的。但在现实生活中，我们可以发现，教师在英语写作教学中仍然占据主导地位，教学模式依然是非生态形态的强制性教学。要想改变这种状态，就要改变传统的教学模式，建立起生态化的课堂教学模式，让每一个人都成为学习的主人，从而提高英语教学的质量。详细地说就是教师在进行课堂教学时，要选择学生感兴趣的题目，鼓励同学们以小组的形式讨论英语，从而拓宽自己的思路。当英语写作完成后，初稿会在小组内互评和讨论，修改之后，老师对其进行批改与评选，并选出好的作文，为下一节课范文讲评提供案例。

4. 保证大学英语写作课堂的开放性

从生态学的角度来对英语写作进行观察，我们发现开放性体系是不可避免的，唯有如此，才能对外沟通、互换，最终得以生存与发展。也就是说，教师可以让学生在学习课内知识之余，通过阅读一些英语经典著作、观看英语短片等方式来拓展对英语知识的了解，从而让学生在间接的经历中搜集写作素材，并将生活带入写作。

5. 写作练习的设计、辅导与批改

对写作练习的设计、辅导和批阅是英语作文教师的主要教学任务。在设计练习时，作文题目、教材内容或者生活内容的关联性不可被忽视。此种题目能够让学生知道自己应该写什么内容，从而让写作变得轻松。在布置写作任务时，学生要能够自主选择自己感兴趣并且能够进行发挥的内容，这被称为可选择性。老师的指导对学生的写作行为也具有十分重要的影响。完成练习后，重要的是教师对学生作文的批阅。如果老师对作业只有应付的态度，学生会觉得自己的努力被教师忽视，这会打击其积极性；若是根据最传统的做法，教师在批阅的时候对学生作文中每一处错误的地方都用红笔批改，教师的工作量就会大大增加。针对此类问题，相关学者提出不改或者少改错误，多改错会挫伤学生的积极性。因此，在对学生作文进行批阅时，教师要突出其中的优点，并且让学生发扬其优点，以此提升学生的写作兴趣和信心，从而逐渐减少写作错误。

6. 帮助学生重新认识英语写作

对于此问题，教师要让学生注意到以下几点：第一，不能为了应付考试而写作，这是将学生带出写作误区最关键的一点。切记不能让学生认为自己是以完成教学大纲要求为标准，以通过考试为目的而学习和写作。第二，不是为了完成作业任务而写作。如果只是为了完成教师规定的写作任务，学生所写的作文水平必然非常低下。第三，写作教学并非缺乏人性的枯燥教学。生态化的写作教学，其人性化的色彩更加突出。在写作教学中，教师和学生能够进行情感的交流、智慧的碰撞，从而达到共同进步的目的。

7. 充分考虑学生的个体因素

在教学生态系统中，其核心要素就是学生，学生的健康和全面发展是一切教学活动展开的前提和关键。学生的英语写作不过关，有多方面的原因，比如，词汇量不够、语义理解不到位等都有可能造成英语写作不过关。由于每次习作的效果总是不好，很多同学都认为英语写作是一个枯燥乏味的过程。因此，要想改变学生对英语写作的看法，教师需要帮助学生认识到英语写作的重要性，帮助学生树立英语写作的信心，从而激起学生对英语写作的兴趣；要将相关知识循序渐进地传输给学生。自然和谐的课堂环境有利于学生的写作训练。在进行写作布置的时候，教师可以多设置几个可选项，学生可以根据自身的兴趣来选择话题。在写作过程中，学生可以通过相互交流、相互学习，并在交流学习的过程中收获知识。

（二）教学实践

英语写作的教学实践主要包含四个方面的内容：

第一，对英语写作教学实践进行观察，我们可以发现，在大学的课堂中，大班的教学活动一定会限制教育生态环境的发展，想要改变这一现状，教师可以将学生根据英语水平分成高、中、低三个层次的小组，然后让学生在小组内部之间进行相互合作，在小组外部之间形成竞争关系，从而形成一种写作教学不断发展、教学生态环境和谐平衡的英语写作课堂。

第二，要明确生态化教学的写作目标。经过长时间的发展之后，应试教育已经成为英语写作教学的主要考察方式，但是这样的写作教学模式会忽略对学生真正语言技能的培养，从而破坏个人的生态系统，不利于个人的可持续性发展。面对这种情况，教师可以将整体的教学目标分成阶段性目标，不对学生的写作目标、字数、主题等内容进行限制，让学生自我发挥，从而促进英语写作教学的可持续发展。

第三，要建构一个大学英语写作多元互动课堂。根据教育生态学的观点，教师与学生都是课堂教学生态系统的组成因子，在教学过程中保持平等、民主、合作的关系，但是对当前的英语写作教学进行观察我们就会发现，大部分教师还是运用着传统的教学模式，依然采用着非生态强制教学形态。想要改变这一现状，教师需要在学生上课时，选一些学生感兴趣的写作主题，让学生不受限制地进行写作，然后让学生将自己写作的内容放在小组内进行讨论，按照讨论的结果进行修改，修改完成后将作品交给老师，让老师对其进行评价，教师可以从每个小组的作品中选出三至四篇的优秀习作，来为下一次写作课堂提供示范性案例。

第四，要在英语写作的课堂上构建开放的教学模式。从生态学的角度来对英语写作进行观察，我们发现开放性体系是不可避免的，唯有如此，才能实现对外沟通、互换，最终得以生存与发展。那么开放的教学模式都有哪些呢？具体来说，就是让学生在学习课内知识之余，通过阅读一些英语经典著作、观看英语短片等方式来拓展对英语知识的了解，从而让学生在间接的经历中搜集写作素材，将生活带入写作，从而激发学生的写作热情、提高学生的写作兴趣。

当代大学生大部分都对英语写作的生态化教学持肯定的态度，而且这种教学模式促进了学生英语写作能力的进步与发展，而且还可以在一定程度上进一步提高学生的英语综合运用能力。通过以上论述，我们可以了解到当前的英语写作教学模式可以给我们带来以下启示：其一，在以学生为中心的教学环境下，与学生建立良好的合作互动关系可以促进学生进行学习；其二，在教学过程中，教师可以将与学生建立良好和谐关系这一理念融入平时的教学实践中去，从而实现课堂教学的生态化，帮助学生提高自主学习能力，提高学生的可持续发展意识。

第三节 "翻转课堂"大学英语写作教学模式

一、翻转课堂教学模式的概述

（一）翻转课堂教学模式的概念

翻转课堂又可以被称为"颠倒课堂"，就是指可以对课内、课外时间进行调整，然后把学习决定权从教师手中转到学生手中的教学方式。目前，国外对翻转课堂有很多研究，并取得了很多成就。其中，最早提出翻转课堂的是乔纳森·伯尔曼、亚伦·萨姆斯等人，2007年他们将这一新的教学模式应用于美国科罗拉多州洛基山林地公园高中的化学课堂，从此翻转课堂模式在美国的部分学校中逐渐流行起来。随即，麻省理工学院本科毕业的孟加拉籍学生萨尔曼·可汗使用翻转课堂创办可汗学院，展开了"未来教育"。2009年可汗学院获"微软技术奖"教育奖。2011年，萨尔曼·可汗在TED大会上发表演讲《用视频重新创造教育》，推广翻转课堂。现场直播讲解、学生课下观看是可汗学院教学视频的学习方式,也由此,翻转课堂成为全球教育所重视的一种教学模式。同年,可汗学院被加拿大的《环球邮报》评为"2011年影响课堂教学的重大技术变革"。自麻省理工的开放课件运动开始,国外就设有了可汗学院;在中国,全国各地都设有网易学院,使得一大批优质教学资源应运而生,进一步推动了翻转式课堂教学的进步与发展。

在实践过程中,我们可以发现,这种教学模式可以将课堂当中的宝贵时间节约下来,让学生更加有针对性的解决自己在学习过程中遇到的问题,进而更深层次地了解知识的内容。在这种教学模式下,教师可以不再占用课堂上的时间来向学生传授知识,而只需要学生自己在课下对课程内容进行了解与学习,这样教师也会有更多的时间来解决学生在学习过程中遇到的问题。课后,学生还可以按照自己的方式来规划自己的学习内容、形成自己的学习模式,从而满足自己个性化的学习需求。翻转课堂模式是大教育运动的重要组成部分,它与混合式学习、探究性学习以及其他教学方法和工具在含义上有所重叠,但都是为了让学习更加灵活、主动,让学生的参与度更强。在互联网时代,学生可以通过互联网学习丰富的在线课程,不必一定要到学校聆听教师讲授。互联网尤其是移动互联网催生了"翻转课堂式"教学模式,"翻转课堂式"是对基于印刷术对传统课堂教学结构与教学流程的彻底颠覆,由此将引发教师角色、课程模式、管理模式等一系列变革。

(二)翻转课堂教学模式的特点

1. 教学环节的翻转

在传统教学过程中,主要有两个环节的内容:第一个环节就是知识传授,第二个环节就是知识内化。其中知识传授是指知识通过教师在课堂上的讲解来进行与完成;知识内化是指学生通过课外作业、课外实践等形式将课堂知识内化成自己的知识内容。但是翻转课堂则与传统教学课堂完全相反,也就是说其知识传授的过程是在课堂之外完成的,其知识内化是在课堂之上完成的,严格地说就是学生的作业答疑和小组写作内容都是在课堂上进行的,并且是在教师与学生的共同帮助下完成的。

2. 教学资源的翻转

在翻转课堂中，教师需要根据学生的特点，将教学资源进行一定程度的二次加工，然后将加工过的教学资源做成简短的视频，也就是"微课"。通常情况下，微课是围绕某一个知识点进行的，视频的长度大约为 10 分钟。对这个视频进行学习，学生可以根据自己掌握的情况对视频进行自主的暂停、播放或者回放，从而更加深入地学会视频中所讲解的知识点。除此之外，在课堂外，人们在轻松的环境下进行学习也可以让学习变得轻松有趣，从而促进学生对视频中知识内容的理解。而且教学视频是可以反复观看的，这样学生就可以随时地对知识内容进行复习。当在观看的过程中遇到一些自己无法解决的问题时，学生还可以通过互联网的方式向学生或者老师寻求帮助。

3. 教学环境的翻转

从环境这个角度来看，翻转课堂是把教学环境从课堂内搬到了课堂外，并运用网络空间整合技术来形成一个完整的功能空间教学环境。学习管理系统 LMS 可以帮助教师有效地组织和介绍教学资源、动态记录学生学习进程，方便教师及时了解学生学习现状。LMS 可以为教师提供更多有针对性的教学资源，将课堂互动转变到网络空间中交流，有助于建立学习社区，也可以协作完成学习任务。

4. 教学模式的翻转

传统的教学模式是指教师在课堂内讲授课程内容，学生课后复习所学内容；翻转课堂的教学模式恰恰相反，学生在课堂内复习所学知识，课后自主学习新的知识。在课堂内，教师有针对性地引导学生完成相关练习，并着重指导学生自主解决在完成练习过程中所遇到的问题和困惑，让学生加深对相关知识点的认识和理解。学生在课后可以通过现代化网络技术跨越时间和空间，可以登录网络学习平台进行自主学习，并记录下在学习新的课程内容时所遇到的问题，在之后的课堂中能够有针对性与教师进行探讨，并且获得解决方案。

（三）翻转课堂优势的体现

1. 信息技术的先进性

从翻转课堂的发展来看，翻转课堂的学习以网络为基础，是网络与信息技术不断发展的必然产物。无论是翻转学习改革，还是翻转课堂实践，二者都离不开信息技术。从翻转课堂中流行的多媒体教学软件、智能导师系统等教学软件中，我们可以看出信息技术在翻转课堂中起着重要作用。实际上，在翻转学习中，一个必要环节就是利用信息技术将传统的"课上"教学活动经过刻意安排、设计后进行录制，再将录制后的视频内容经过加工处理后通过网络进行传输和演示，让学习者将"课上"的内容带到"课下"进行有选择性的学习，从而迈入翻转学习的新篇章，并为课堂教学时间的重新规划与合理使用打下良好的基础。当前，先进的计算机网络技术为新时代翻转课堂的实施提供了更多的选择和更好的支持。

2. 学习方式的个性化

课堂时间的有限性，是影响教学效果和学习成效的主要因素。目前，在课堂教学改革方面，很多教育工作者往往只注重教学内容、教学方法、教学手段方面的研究，对课堂教学活动的基本要素——"时间"研究甚少。教育工作者在将先进的教与学理论应用到实践教学活动中时，未能充分将时间因素考虑进去，导致教学改革出现"形式主义"的困境。翻转学习完全颠覆了传统的课堂教学，将"课上"与"课下"来了一个华丽的翻转，正是这样的转变将课堂教学重心重新定位。教在"课下"、学在"课上"，直接将团队学习、协作学习、探究性学习、案例教学提升为课堂教学中的主要内容。翻转课堂可以让学习者依据自身的学习习惯调整自己的学习方法与学习内容，真正实现了个性化学习，能够使学习效果达到最佳状态。

3. 学习机制的互动性

翻转课堂与传统的课堂教学相比较，是不断加强、不断深化师生之间互动机制的过程。在传统课堂中，教师在任何一个教学环节中都占主导地位，主宰着学生学习的内容、学习的进度，使学生的思维发散受到了很大的约束。虽然现代教育理念提倡"以学生为中心"，但是在传统的教学实践中却难以实现这一目标。翻转课堂恰恰能体现"以学生为中心"的理念，因为其"课上"的团队学习、协作学习、探究性学习、案例教学都可以体现学生的主体地位。教师角色也发生了转变，既是指导者又是参与者，与学生的互动可以帮助学生解决学习中遇到的各种问题。与此同时，教师与学生、学生与学生之间的多元化互动对师生、生生之间的关系起着促进作用,还对深化学生的合作意识起着积极作用。

(四)翻转课堂中的关键要素分析

1. 课前视频的制作

翻转课堂需要教师提前准备好教学用的视频,然后让学生在课前观看。视频的设计与制作是翻转课堂成功的前提。一是,视频可以由教师亲手制作,也可以使用开放的网络优质资源。如果教师亲手制作视频,可以保证教学目标明确、针对性较强,可以照顾到学生的个别差异,做到因材施教。二是,在开放网络上寻找需要的视频。开放网络资源丰富,而且每个知识点都配有相关的教学视频、学习资料和作业。两种做法各有利弊,可以根据需要穿插使用。教学视频应短小精悍,紧扣教学目标和要求,同时又要有趣味性,这样才能吸引学生的注意和兴趣。视频还应该是有教育意义的、生动的、有创造性的、易于理解的和令人兴奋的。精彩的视频是翻转课堂的良好开端,能够为课堂活动打下良好的基础,确保翻转课堂的成功。

2. 课堂活动的组织

课堂活动的开展是翻转课堂成功的关键,其目标是通过多种形式的教学活动促进学生知识的内化。这里的课堂活动不再是教师单一的知识传授和灌输,学生也不是被动地聆听和接受。课堂成为教师和学生互相沟通、交流、互相学习、教学相长的场所。课堂是教师培养学生知识、技能、情感、态度的全面融合和发展的场所,这就要求教师根据教学的目标和要求,精心策划、合理组织适合学生的各种活动。教师在设计组织课堂活动时,要依据学生课前对学习视频的掌握情况,设计出能够深度交流互动的课堂活动,这既可以是巩固练习、释疑解惑,也可以是角色扮演、小组讨论、协作学习等。通过这些活动,教师可以让课堂成为学生掌握广博的知识、提高自身的能力、培养适度的情感、形成正确的态度和价值观的场所。

3. 教师的角色定位

翻转课堂是新的理念和新的技术结合的产物,它突破了传统课堂的限制。翻转课堂翻转了课堂教学的流程,使学生从原来课堂上听讲解,变为课前看视频,从课后做练习变为课中做作业。翻转课堂突破了时间和空间的局限,学生可以随时随地根据自己的兴趣和需要进行学习。这种课堂模式改变了传统课堂中教师知识灌输的角色,促使教师角色发生了实质性的转变。这就要求教师转变传统的角色定位,以适应这种新型的教学模式。翻转课堂要求教师能够设计出精彩的课堂视频,并设计相关的问题。因此,教师应是视频资料的设计制作者,在课堂上,教师要组织各种形式的活动,解答学生提出的问题,并与学生进行互动和交流。因此,教师应是课堂活动的设计者、组织者和管理者。在这一过程中,教师要参与其中,推动学生知识的内化,所以,教师还应是学生学习的参与者和促进者。

二、翻转课堂教学模式在大学英语写作教学中的应用

(一)翻转课堂教学模式在大学英语写作教学中的应用意义

1. 有助于激发学生的学习兴趣

在传统的大学英语写作教学中,教师通常处于主体地位,掌控着教学的进度和学生学习的进度;教师只关注在教学过程中语法、词汇等知识的单向讲授,却忽视了学生的个体差异和需求;英语教学课堂枯燥乏味,使得学生失去了学习主动性,降低了学习兴趣。有些教师甚至在课堂中忽略学生提出的疑问和质疑,这严重打击了学生学习英语的积极性和主动性,使喜欢学习英语的学生逐渐失去了对英语的兴趣,使不喜欢学习英语的学生甚至产生了强烈的排斥心理。在英语教学过程中引用翻转课堂教学,使学生和教师的地位发生了变化,在教学过程中教师更加关注学生的个体差异和学习能力,使学生成为学习的主体,教师为学生的学习提供专业、系统且有针对性的指导,帮助他们学会独立自主地学习和解决问题。教师与学生、学生与学生之间的有效沟通交流,可以帮助学生提高学习兴趣,促进对英语的掌握和应用。

2. 有助于学生学会自主学习

在我国大学英语写作教学中,教师严重忽视了学生的个体差异性,多采取"满堂灌"的讲授方式,在课堂上花费大量时间对英语课文进行讲解,而实际情况是很多学生在上课之前已经做好了预习工作,对课文已经有了初步的整体理解和掌

握,如果教师还是一味地讲解课文,不但不会激发学生的学习兴趣,还会导致学生丧失学习的自主能力,不能满足学生个体差异性需求。翻转课堂教学模式则正好相反,教师会有意识地引导学生在课前通过网络平台学习相关课程内容,在课堂内缩短教师对课文讲解的时间,学生也可以调整自己的学习进度,随时随地进行个性化的学习,对于已经熟知的知识可以略过,针对没有掌握的知识再进一步巩固和学习,并且记录下在学习过程中所遇到的问题,以便在课堂上能够请教教师、寻求帮助并且获得问题解决的方法。由此可以看出,在翻转课堂中,教师能够很好地针对学生个体差异开展教学活动,学生可以根据实际情况自主安排学习,并学会自主学习。

3. 有助于营造良好的学习氛围

在大学英语写作翻转课堂教学模式中,学生可以随时随地通过现代化技术的网络视频进行学习,可以获得大量丰富的英语学习资源。学生在课前预习所要学习的内容,然后接受教师的课堂教学,在学习过程中可以最大限度地与教师、同学交流,最后巩固练习所学知识。在网络学习平台上,学生也可随时下载和学习相关的英语课文和单词,这有助于营造轻松、自由的课堂内外的学习氛围和环境,与传统枯燥乏味的课堂教学氛围形成鲜明对比。学生在学习交流过程中不仅掌握了课程知识,也增进了与教师、同学之间的感情,在完成学习任务的同时也促进了自身综合素质的提高。

(二)翻转课堂教学模式在大学英语写作教学中的应用优势

1. *提高教学效率,优化教学效果*

学生英语写作技能的提高离不开理论知识的理解和吸收,然而,理论知识的学习是一个渐进且需要大量时间思考的过程。教师受学时的限制,在实际授课过程中不可能花费大量的时间对写作理论进行反复讲解。缺失了理论的指导,学生在写作时经常出现本应避免的写作误区。应用翻转课堂的教学模式,学生可以通过反复观看教学视频的方式,强化对知识的感悟程度。

2. *活跃课堂氛围,增添学习乐趣*

通过翻转课堂的新型教学手段的应用,学生能够真正利用集体学习的环境资源，展开互动性的交流、探讨、合作。学习是学生和教师以及学生和学生的共同活动，学习活动的目的不仅是掌握知识与技能，而且是形成合作的交往关系。积极的课堂参与使学生摆脱了对英语写作习惯的负面厌学情绪，可以让他们意识到学习的快乐和收获知识果实的充实，体会到学习带给自己的自信和成功。

3. 贯彻差异教学，尊重个体发展

翻转课堂的实施，使教师从课堂上大量知识点的反复讲解中解脱出来，也使课堂教学的落脚点从关注教师是否讲到了知识点转移到关注学生是否掌握了知识点。教师在写作教学中可以着重针对个体的学习差异，给予单独的指导。已经获得知识、习得能力的学生可以参与到与同学的学习探讨活动之中，帮助小组内的同学明晰问题；教师也可以在课堂上开展与学生之间的一对一或者一对多的教学，充分关注每位学生的知识接受情况，不仅可以展示对所辅导个体或群体的情感关爱，而且不用担心课堂纪律的失控。

（三）翻转课堂教学模式在大学英语写作教学中的应用方式

教学过程要以学生为中心，发挥学生的积极性和主动性，教师要及时给予指导，翻转课堂正是这种教育理念的直接体现。针对国内外开展翻转教学实验的大多是理科类课程这一事实，结合"外语是学会的，而不是教会的"的学习方法，探讨翻转课堂在大学英语写作课程中的应用方式是引发英语教育工作者极大兴趣的关注点。翻转课堂是一个构建深度知识的课堂，需要学生的高度参与，学生是这个课堂的主角。因此，教师可以借助翻转课堂四个维度的特征（即学生主导式学习方法、与众不同的教学方法、帮助学生解决可能遇到的问题、引导学生积极参与课堂）展开英语写作的创新性教学活动。课堂活动通常包括解答学生疑问、重视难点、练习巩固、课堂讨论、探究实验等，教师需要根据学科特点和学生实际情况精心设计课堂内容。具体来说，教师应该在课前与课后划分好知识学习的分工与渐进。

第一，在课前可以录制10分钟左右的视频教学材料（或直接利用教材所统一配备的光碟资料），一是针对写作课程理论知识进行讲解；二是针对模板句式、范文进行点评；三是提供学生可以记忆的词汇库，让学生对课上所要深入接触的写作知识点有详尽的接触和准备。

第二，在课堂上可以根据教学进度的要求安排不同的活动内容。首先，讨论。此方式除了对课前学习任务所接触到的难点知识进行解疑之外，通常还适用于积累学生对写作题目的观点、看法和见解。这是因为某些写作题目对学生而言比较疏远、抽象，如"怎样解决大城市的住房问题"，学生无法形成对这一问题的认识态度，在写作中自然无话可说。通过学生之间的交流讨论，学生的思维和视野会受到启发和拓展，从而掌握写作的核心材料。此方式可以具体分为小组讨论后拿出看法，或者全班同学参与讨论、各抒己见。其次，实践。掌握理论知识的目的是使其服务于实践，学生能够把所习得的写作理论应用到具体篇章之中，才能够说明学生真正把握了写作的规律和架构。因此，实践是检验学生知识和技能掌握的一个尺码。在翻转课堂之中，通常作为作业布置的篇章写作可以放到课堂中来完成，教师边审阅学生所写的样文，边给予适当的指导，这降低了现实教学中一对一的批阅难度，也给予了每位学生劳动成果的尊重，更体现了师生之间教学与学习的互动。最后，成果展示。课程的讲授不仅要达到知识目标和技能目标，还要设定具体的情感目标。因此，在成果展示阶段，教师可以让部分学生宣读自己的习作成果，一是让宣读的学生感受老师和同学对其智慧的认可，从而获得成就感和满足感；二是让倾听的学生感受与同学分享成功的快乐和有所鞭策的悸动。

第三，针对课前、课堂学生所反复练习的知识与技能，教师要在课后布置巩固性和拓展性的阅读和实践。当学生完成学习任务没有太大难度时，他们就会形成自主、自觉的学习习惯。因此，有了课前和课堂良好学习效果的铺垫，教师不用把课后的延展当成作业来布置，这已经成为学生学习兴趣的自发要求，教师自然也就不用担心学生完成的效果。文无定法，实际的课堂教学也不可能具有固定不变的形式。为了能够真正驾驭翻转课堂在英语写作教学中的应用，英语任课教师既要有扎实的本学科知识和广博的跨学科知识储备，又要有敏锐的思维能力。

第六章 网络环境下英语写作教学资源的运用

科学的运用教学资源是提升英语写作课堂教学效果的基础条件，本章为网络环境下英语写作教学资源的运用，分别介绍了基于语料库的英语写作教学资源的运用、英语写作多媒体资源的运用以及英语写作微课资源的运用。

第一节 基于语料库的英语写作教学资源的运用

一、语料库的应用研究

人类通过知识的传播，使社会得以发展、科学得以进步。语言是科学文化知识传承最好、最自然的载体。语言学习几乎是其他科目学习的前提。在梳理学科发展、考查学科概念关联等的知识库图谱研究中，对科学文本的语言表述分析是近来图书情报和各学科自身研究的热点。随着网络的兴起，各类社交网络应用已成为网民个人情绪宣泄和交流的利器。对各类网络文本情感进行分析，有助于及时了解社会舆情的走向。因而无论是对学科领域中深思熟虑的文本进行考察，还是对网络文本中有意识或无意识的情感进行侦测，建造适宜分析的文本库是其中重要的基础性工作。尽管采集这些数据可能出于其他研究目的，如建造知识图谱、社会学或传播学研究，其与语料库本质属性被运用于语言研究不同，但其围绕某一特定目标建造资源库的方法和过程与语料库建设的方法大致无二。

语料库中的事实材料是语言研究的基础，曾经是语言学研究的不二法门，计算机时代的机读语料库无疑使这一实证研究倾向得以强化。语料库研究已经成为语言研究的一门显学。语料库语言学究竟是一种方法还是一门学科，学界可谓仁者见仁智者见智。

在语言学史上，为了更好、更有针对性地进行语言研究，语言学家们往往会作出若干个二值对立的假说，使研究对象和研究方法更为明晰。例如，结构主义语言学之父索绪尔就作出了语言和言语的区分，语言是某一种语言的群体人人共享的一种抽象的语言学系统，言语是这种语言具体外化的实现形式；语言是相对具有稳态、系统化特征的规则概括体系，而言语则是一个个体对这种规则的具体应用，受语境等影响而复杂多变。据此，他认为语言学研究的对象针对的应是语言的语言学。

形式语言学之父乔姆斯基也对语言能力和语言应用作出了区分。语言能力是说话者——听话者的语言知识，语言应用是在具体语境中说话者对语言的实际使用。因为具有语言能力，人们能够理解和生成一些从没有听过或说过的句子，并且能够判别句子的语法错误和歧义，这种能力是稳态的。而语言应用往往受制于心理和社会因素，常常会有不同，如人们说话经常有语误等，会主动调整。语言能力和语言应用并不总是匹配的，乔姆斯基更关注的是人的语言能力。

结构主义和形式主义语言学这两个巨擘尽管先后表达了对语言使用背后成系统的语言规则的认同，但索绪尔心目中的语言是一种社会产物，是社团共同遵守的一种契约；乔姆斯基的语言能力则由每个个体的心智决定，着眼于心理角度，是一个具有能产性的生成系统。

关于语言使用的用法（Usage）和语法（Grammar）之间的关系，不同语法学派的学者持有不同的看法，如 Newmeyer（纽迈耶）就认为"语法是语法，用法是用法"，从形式语言学视角出发，他认为语法的基本范畴在概念层面都可以找到来源，语法是稳定、成系统的，不受使用频率等语料库证据的影响。而 Bybee（拜比）等认知功能语言学派则宣称"用法就是语法"，认为语法是一种通过对语言体验而形成的认知结构。[①] 每次使用语言的体验都会对语法表征产生影响。尽管双方各自强调的着重点不同，但不可否认，对语料库代表的大规模语言使用情况进行调查，有助于深入对语言规律的认识。

（一）语料库之于语言本体研究

在语言学本体研究中使用语料库在当今几乎已成标配。语言学界的一些语言

---

① 张道真. 实用英语语法 [M]. 北京：外语教学与研究出版社，2002.

学家已经发现和使用数据，很多论文如今已使用语料库作为其主要依据，其中很多甚至使用了互联网上的语言数据。语料库用于语言本体研究最早、最成功的范例莫过于词典编纂。根据语言事实材料，为收录的词条撰写释义、搜寻例证的做法古已有之。Johnson（约翰逊）博士在编写早期英语词典时，举个人之力，皓首穷经，编出了巨著。柯林斯出版公司与伯明翰大学合作开发了当时世界上容量最大的英语库，对 Cobuild 词典的词条确立及例证征引起到了重要作用。对语料库数据的分析将帮助词典编纂者对一些编纂问题作出决策，例如，某一词语可以确定为多少个义项、哪些短语或搭配信息值需要在词典中凸显、描写词条应刻画哪些句法特征及结构信息、需要为哪些词条立目以及如何对义项进行编排等这些词典微观结构设计，都离不开语料库中体现的语言使用实例和词语信息。当代词典编纂已经离不开语料库的支持，可以说词典编纂是语料库建设发展的一大推手，并已成为语料库应用研究最成熟的领域之一。词典需要详尽刻画词语的使用及搭配信息。词典用户更多关注非常用词而不是常用词，是非常用义而不是常用义，因而用于词典编纂的语料库一般数量级很大。例如，由于词类集相对较小，只有数十个，要进行基于词类的语法描写，只需较少的标注语料。针对以数十万计的词语，要刻画词语之间的非常见搭配，其可能的搭配模式数量极可能导致组合爆炸，因而从小规模语料库中难以找到搭配实例。这也是为什么用于词典编纂的语料库往往是巨型语料库的原因。出版商雄厚的财力支撑是一方面，另一方面是如果语料库不能保证足够的形符数量，其质量也难以保证。

语法研究是语料库应用的另一个重要领域。在 1959 年，名为"英语用法调查"的语料库项目开始建设。该项目主要有两大任务：一是搜集和分析英国英语口语和书面语中有代表性的语料样品；二是对有歧义和少用的语法问题进行测试调查。这种注重从实际语言事实材料中总结挖掘语法规律的做法，已成为后世计算机时代语知库研究的样板。建库及用库成果体现在《当代英语语法》和《英语语法大全》中。此前语法研究者大多凭个人勤学博览，手工采集例证，难免多依赖个人判断和析解；而自此以后，客观论证性的评述策略得以确立。这两部语法都是在真正意义上对语言事实进行刻画的描写语法，一改以往规定语法的传统，摒弃了过去只重视书面语（尤其是文学语言）而忽视口语的历史包袱。1999 年，有学者基于更大语料编写了被认为是现代英语语法全面描述的《朗文口语和笔语语法》。该语法立足于大型语料库的定量数据，对英语使用现象进行了详尽的功能描述。语料涉及的语域包括对话、小说、新闻和学术语篇，覆盖了美国英语和英国英语语料库中几乎所有语体。这些基于大型语料库大部分的英语语法专著使得语料库用于语言研究的深度大大扩展。同样，在语言对比和翻译研究领域，由于语言事实材料的丰赡性，语料库为相关研究提供了借鉴，在翻译研究中语料库被视作重要甚至是基础资源。传统翻译研究以原语文本为参照，以忠实程度为取向，探讨译文与原文之间的关系或对应关系。语料库最初被用于翻译研究，人们主要是以其作为工具，进行语言对比和翻译批评研究。

语言学和翻译理论是当前语料库翻译学的研究基础，概率和统计是主要的手段，双语的真实语言素材是对象，可以对翻译开展历时或共时的研究。大规模的语料库可以在很大程度上帮助语言的翻译和研究者重新分析研究的对象、探寻翻译研究的对象和其他研究对象存在区别的原因，同时，探寻翻译行为中存在的共性原则和影响翻译行为的主要原因。在这之后，对语料库开展翻译研究的队伍不断发展，研究的深度也在不断延伸。

语料库与批评话语分析等结合也产出了硕果。批评话语分析试图通过对语篇文本的语言分析，达到社会批判的目的，为语言学与社会学研究架设了沟通的桥梁。由于传统手工分析的文本数量过小，并且缺乏代表性，因而采用批判性话语分析方法，对话语的解释受读者的影响缺乏客观性和系统性。使用语料库研究手段可弥补单凭直觉推断的缺陷，为研究者提供自下而上的话语研究方法。例如，利用词频、主题词、搭配、词丛等语料库提供的文本及语境信息，方便研究者分析话语的呈现规律。伯明翰大学和兰卡斯特大学学者在应用语料库技术方法实施媒体话语分析方面作出了突出贡献，兰卡斯特大学以前期在语料库领域的研究为基础，在英国经济和社会研究理事会的支持下，甚至专门成立了服务社会科学的语料库方法研究中心。由于记录了鲜活的语言事实，建设多语种专题语料库还可以进行语言对比及类型学的研究。我国学者以标注好的依存树库作为类型学研究数据，对已标注了依存关系的20种语言的句法树库进行了调查，发现各种语言都存在中心词居前（head-initial）和中心词居后的普遍现象。尽管具体表现不一，学者也可以把这些语言按照中心词的位置，根据连续的原则进行排列，这证明用于计算语言学的语料数据，同样可以服务于语言类型研究。

研究语言的动态发展变化是历时语言学的重点。历史语言学几乎可以被当作语料库语言学的一类。这是因为"死"语言或某个历史时期的文本，可以天然构成一个封闭的语料库。只有通过对这些典籍的再解读，我们才可能探究历史上这种语言使用的风貌。在语料库语言学兴起之后，学者们有意识地通过精心设计、良好构建的历时语料库，利用语料库语言学技术和方法，展开基于语料库的历史语言学研究，从而使这门古老的学科再次焕发生机。着眼于语言的动态发展研究，也催生了我国国家语委的动态语言生活监测项目。

（二）语料库之于语言教育

Leech（利奇）指出语言教学与语料库研究之间已形成学科共进关系：其一是直接将语料用于教学（即"教语料库语言学""教如何利用语料库"以及"用语料库来教"）；其二是将语料间接用于教学（如词典工具书的出版、教材的开发和语言测试程序的研制等）。[①] 另外，还有一些面向教学的专题语料库建设（如开发专门用途语言语料库、母语习得语料库及二语学习者语料库）。其中有关第一类的语料库应用和语料库方法论等的研究，已经涌现出很多教科书，如梁茂成、李文中、许家金等作者的著作。围绕语言学习和过程的语料库建设与应用也有很多成熟的范例。

语料库的使用也为应用语言学提供了较大的便利，语料库优化了语言调查的过程，如能够提供较为精确的定量信息；语料库也颠覆了过去对教师在教学过程中作用的认知。在语料库的帮助下，学生能够进行以数据为驱动的学习过程，在结合交互式学习方式的基础上，学生可以进行以学生为主导的自主性学习，这摆脱了过去传统的教学局限性。语料库的使用能够方便学生的学习和生活。语言事实材料的清晰展现，能够让学习语言的人更好地体会语言的美妙之处。我们可以利用语料库的作用对过去的教学方法进行审视。一些语料文本天然带有语境，学生在语境的帮助下不仅能够更好地理解文本中的语言规则，对语言的学习更加得

---

① 马广惠，文秋芳. 大学生英语写作能力的影响因素研究 [J]. 外语教学与研究，1999（04）：34.

心应手，还能够培养学生的思维能力和判断能力。

开发特定语料库，有助于帮助学习者把握领域和语体的语言知识，也可以有针对性地帮助学习者掌握必需的语言技能。在这方面已有大量开发的学术英语语料库，如密歇根学术英语口语语料库。借助这一语料库，学术语篇的语言特征能够呈现出来，学习者也可以借此掌握用于学术交流的英语口语用法。很多作为专门用途的英语语料库的建设极大调动了学习者的积极性，提升了外语学习的效果。

采集语言学习的产出结果形成的学习者语料库，能够帮助研究者了解、掌握学习者在外语学习过程不同阶段的表现，有利于教师对教学过程进行评估，进而开发适合学习的教材。建设不同母语背景学习者语料库，具有普遍意义的二语或外语学习规律和模式，能够建立二语习得模型，比利时鲁汶大学倡导建立的国际英语学习者语料库就是这方面的国际合作探索。同样，对学习者语言产出的分析，也可以帮助研究者建立语言测试评估模型，为实现计算机自动语言评测提供基础资源。基于中国学生语料库提取出来的语言使用特征，通过回归分析，建立数学模型，可以构建大规模考试英语作文的自动评分系统。

（三）语料库之于自然语言处理

早期的计算语言学和自然语言处理，主要采用基于符号运算的人工智能处理方式，这种方式通过精心构建良好的描述规则，来实现对复杂语言现象的理论模拟。这种处理在应对较小规模并且规范的语言事实时，能够较精细地刻画语言运作的规律。然而一旦面对不太规范、复杂的语言现象时，这种处理有可能面临捉襟见肘的困境。这是因为严密的规则适用性的问题，规则库中的规则一旦多了起来，就会难以控制。因而以此建立的系统难免有"玩具系统"的戏谑。

1990年，赫尔辛基第13届国际计算语言学会议确定的主题是"处理大规模真实文本的理论、方法和工具"，这表明计算语言学界已经实现了战略目标的转移，开始转向对大规模真实文本的处理。在1992年第4届机器翻译理论与方法国际会议上，会议将主题确定为"机器翻译中的经验主义和理性主义方法"，表明学界开始反思对应用系统提高具有指导意义的方法论问题。面对早期基于规则的人工智能方法在小范围机器翻译系统成功应用，以及后期长期停滞不前的困境，语言工程处理界开始积累语言事实材料,试图从大规模真实文本中总结出语言规律。这种资源密集型研究伴随机器学习算法的发展已经成为语言工程的主流。

用于语言工程的语料库建设,与语言学家研究某一语言问题而创建的语料库有很大不同。语言学者往往针对特定的研究对象,制定研究目标,在建库过程中根据特定的研究方法对语料库实施各类控制,如出于对语言事实代表性的考虑,对可能影响语言使用的文本长度设定一定的限制条件,或将文本样本截取到同一长度,防止篇幅影响对语言的分析。语言技术界更多考虑语言真实使用状况,而非是否满足语言学研究的纯粹性。语料库是计算机系统学习的素材,不像语料库研究那样建库本身也是其中的主要研究内容。一般说来,服务语言工程的语料库建设"越大越好",这与当前计算机的智能水平有关。计算机具有存储空间大、运算速度快的优势,而缺乏人的概括认知功能。人的记忆能力有限制,难以记忆所有的语言实例,但归纳概括能力强,能够举一反三。因而在利用语料库的研究中,服务于语言学家的语料库和服务于语言工程处理的语料库差异较大,这容易让人理解。

计算语言学以语料库作为材料和工具,试图为语言处理服务。由于具有天然的计算机技术优势,计算语言学家在使用将计算机作为工具对语料库的处理方面占据了先机。尽管计算语言学把语料库作为知识源,但目的不是建库,而在用库,在语料库建设和加工时,语言学家依然用力颇勤,并且成果丰赡。例如,美国宾州大学语言数据联盟分发了众多标注语料库以及开发工具,为反哺语料库语言学界的资源建设作出了巨大贡献。

总体来说,计算语言学是以语料库作为工具导向,为机器理解和生成自然语言服务的,因而更注重不加人工干预、自动地从语料库中直接提取相关知识,构建相关模型。在这个过程中,如果语料库中的标注信息完备,机器可以学习到更多知识,以指导后续的语言信息处理。标注信息既可以是成体系的语言学知识,也可以是各类自然标注信息,甚至是无标注内容的生文本。如果语料未加任何标注,机器学习将变为无指导的学习。随着当前网络信息不断涌现,以及大数据时代的来临,从大量无标注、非结构化的数据中学习到有用的知识是计算语言学的一大中心任务。

机器学习技术的突起，使得基于统计的方法几乎已成为计算语言学的标配。在工程领域，基于规则的智能文本处理逐渐敬陪末席。以统计计量为基础的处理，可以直接从数据中提取知识，这减轻了人工构造知识库的困难；由数据驱动，只需有足够量的数据，便能很快地训练出一个强壮的系统。在看到统计方法在自然语言处理工程领域成功的同时，我们不能忽略语言学知识的指导作用，因为目前统计方法的成功大多停留在语言处理的浅层应用方面，在更深层面的语言处理阶段仍需要更多的语言学指导。

二、语料库资源建设

对于英汉双语平行语料库，只要完成英汉语之间的句对齐，就能够从某一种语言出发，查询与之对应的另一种语言实例。由于句子带有一定的上下文信息，并且重复性较高，我们可以将其用作语言对比和翻译研究的基本单位。但截至目前，语料库建设还只是做到了两种语言之间的句对应，而对于两种语言内部的语言学属性和文本的外部属性，如果没有深入加工和标注，其应用价值是有限的。将生语料进行各类标注加工能够使其应用价值进一步提升。

（一）标注的意义

对语料库进行加工，使语言资源转化为语言学资源，是以语言学理论为指导进行语言应用研究的关键步骤。生语料一经建成就只是静态的文本堆砌的集合。语言是由词汇按照特定的语法规则组合而成的，一种自然语言的词汇量成千上万，由两个词语构成的结构数量意味着可能有词汇量二次方的组合数。如果把更大的语境加入，如考察一个句子中的所有词语组配模式，那么就有以句中词数为指数的增长，这种膨胀模式无疑会造成组合爆炸，而且即便我们能够从中挖掘到有意义的组合形式，其颗粒度太细，只落实在具体的词语、词形层面，上升不到理论高度，不能以简驭繁、举一反三。以词语语法性质为根基的词类集相对较为封闭，数量较少，处理起来的时间和计算复杂度较小，并且容易凸显其在语言使用上的统计规律，但前提是需要对这些语料实施标注。Brown 语料库在建库之初，就开始规划对语言学研究有意义的词性标注，使用概率统计方法开发 CLAWS，并针对 BNC 语料实施词性标注，这甚至促发了语言工程领域中统计方法的流行。为了满足大数据时代的机器学习需求，已有越来越多的学者提出要对语料库进行系统标注。

用于语料库后续处理和利用的标注信息，既有上述解释性的语言学信息，即根据某种语言学理论体系观照，对语料文本所做的主观性、阐释性的说明，也有关于文本外在属性相对客观的事实性信息标识。前者像词性、语法结构、语义语用以及篇章等信息内容，后者像文本来源、所属主题及文本类型等事实描述，落实在双语语料库中，可能有的属性还包括翻译方向。客观性信息对于反映语料库中特定类别的语言现象具有帮助，同时，也有助于人们根据这些信息抽取相应文本建立专题语料库。

文本属性的给定遵循都柏林核心集等元数据规范。对于双语文本比较重要的信息，如英译汉和汉译英是两类不同文本。前者的英语是原生文本，汉语是翻译文本，后者则相反。通过对原生文本和翻译文本之间的对应进行研究，我们可以更好地研究语言对比和翻译对应现象。而像出版年月和作者信息等能够帮助我们抽取反映特定时代及特定作者语言风貌的文本。文本结构信息，如篇章段落以及句子对应等信息，可以帮助我们确定翻译对等单位的大小及使用频度。

语言学标注深入到语言研究的内部，能使语言学研究成果在语料中得以体现。研究者可以从中提取符合某语言学规则的研究单位以及这些单位的统计计量信息，并对其进行定性和定量研究，从而对现有语言学理论进行证实或证伪，为语言学研究注入新的活力。

（二）文本属性标注

当前语料库以文本语料为主，并非不重视口语语料。事实上，在语言学界一直秉承这样一个观点：口语是第一位的，书面语是第二位的。书面语是以文字形式记录的语言，有些口耳相传还没有文字书写的语言，蕴含了丰富的语言文化宝藏。但口语的局限同样也很明显，语音流稍纵即逝，口语交流较多涉及私密性话题。受当时、当地交际场合的影响，口语中也常常有语误和不规范之处，这些都制约了口语语料库的建设。但在科技发展的今天，各类将语音信号定格的技术已经成熟，口语样本也开始变得丰富，从看似混杂的口语语料总结提取语言使用规律，已并非难事。口语语料库与其他副语言、语境相结合，已成为当前多模态语料库的建设重点。限于研究难度和作者学识，本书仍以典范的书面语翻译作为研究对象。书面语语言现象由文本体现。考察书面语脱离不了文本，对语料文本的属性标注可以分为文本级别的属性标注和文本内部的属性标注。

1. 文本级别的属性标注

随着网络时代的发展，对于异质数据源进行整合，需要有一个统一的整合方案。国际标准化组织（ISO）就曾推出国际标准电子数据交换技术，针对国际商业或行政事务处理开发公用标准，并将各种类型的数据整合形成结构化的事务处理或消息报文格式，实现从计算机到计算机的电子传输。这一标准使不同计算机系统的数据交换成为可能，极大促进了世界范围电子商务的发展。同样，对于网络上日益增多的各类语料数据，如果有一个统一的规范，将能使语言研究的资源实现互联、互通，进而推动语言研究的发展。

数字图书馆领域试图致力数字图书的共享，搜集整理现有图书资源并使之电子化，能够使知识通过互联网广泛传播。1971年的古登堡计划就是以自由传播和电子化形式，基于互联网，将大量版权过期的图书推向公众服务领域的一项协作计划，所有书籍的输入转换都由志愿者来完成。随着更多网络协同方式的出现，这一项目更趋完善。鉴于图书大多数以语言文字作为载体，这些服务知识传播的数字图书馆计划成果，在某种程度上也可被视作语料库项目建设的资源。由于图书出版年限大多时间久远，参与人员众多，在书目入库过程中一些体例难以贯彻落实，如版本等信息有些付诸阙如，使得人们对古登堡计划也颇有微词。但这种尽可能搜集全面的图书计划，对积累语料库电子化文本以前的语言文献具有积极作用。

对网络数据实施规范化的应用典型当属1995年由位于美国俄亥俄州都柏林的"在线计算机图书馆中心"和"美国国家超级计算机应用中心"发起的元数据研讨会上提出的都柏林核心集。元数据是一种用来描述数据的数据，主要采用一组术语集及描写规则来描述数据内容本身和包含数据的网络资源（包括视频、图像和网页等）。借助都柏林核心集精简的定义，普通用户也能像以前专业图书编目人员一样对日益增长的数字图书馆资源进行描述。都柏林核心集最初的描述属性集包括"标题""创建者""主题""描述""出版商""贡献者""日期""类型""资源格式""资源标识符""资源使用语言""资源来源""与其他资源的关联信息""资源应用范围""资源使用权限"等15种类型。从中可以看到,对语料库中文本语料外在信息的描述都几乎包含在内,这样就方便了研究者根据"资源使用语言"属性检索定位感兴趣的语言数据,以及根据"日期"提取某一特定年代的数据,建造共时或历时语料库等。都柏林核心集随着学界和政府组织的推动,自身不断完善,目前已经成为互联网上的正式标准(RFC2413)和美国国家信息标准(Z39.85)。

2. 文本内部标注

关于网络数据交换标准,研究人员还有过很多尝试。不同领域的学者都在制定并完善能够较好描述本领域属性的元数据集,这极大地推动了各自学科的发展。针对语言研究及应用的语料库领域也开发了适合自身研究的建设规范,其中最为知名的有"语料库编码标准(CES)"和"文本编码标准(TEI)"。

第一,CES由欧盟和美国研究机构共同研发。在承担欧盟"语言学研究和工程"项目"多语言文本工具和语料库"的过程中,法国国家科学研究中心与欧盟的"语言工程标准专家顾问团"(现更名为语言工程国际标准)和美国瓦萨学院的专家学者联合发起了用于语言工程研究和应用的语料库编码标准。这个标准试图确立自然语言处理领域语料库的标注规范,它定义了一个语料库必须遵循的最简编码层次,既有像文本结构和印刷形式等外部信息,也有适合文本数据库使用的通用框架,还可提供有关语言学标注编码规范和语言学研究用语料库的数据结构等信息。

第二,TEI组织是一个非营利的学术机构,负责开发和维护文本编码规范和与之相关的语言系统和资源建设。TEI规范最初发布于1987年,目前已经广泛被图书馆、出版商等用于呈现在线研究、教学和保存文本数据。经过多年发展,当前最新规范已更新至第5版,成为语料库建设领域的事实标准。TEI目标宏大,试图为各语种、各类别文本制定标准的标注规范,因而显得面面俱到,使用起来颇有不便,后期有各种改进,如新推出了选录版,这更方便人们操作。

此后的语料库标注规范标准大多利用了标识语言这一便利条件，对语料文本的外部、内部属性进行描述，从而更方便实施语言信息处理和研究。以 CES 和 TEI 等为基础的语言资源标注规范为基础和参考，在语料库建设过程中，研究人员或多或少地进行剪裁，以适应各自的语言学研究项目。由本地化行业标准协会等组织研发，服务于计算机辅助翻译的翻译记忆库交换标准（XML）格式于 1997 年首次发布。它根据翻译文本的特性，采用 XML 描述方式对翻译文本间的对应关系进行刻画，例如，在 TMX 描述中既有文本的外部属性，如创建者、创建日期、文本类型等元数据，也有文本对应上的翻译方向等语言属性。利用 XML 能够实现 TMX 和 TEI 的相互转换，从而使不同类型的语料库建设能够统一。

双语语料库建设与翻译记忆库都涉及多种语言之间的对应，它们使用目的不同，一是服务于人的语言和翻译研究，一是用于计算机辅助翻译系统的翻译知识利用，所以，在文本的语言学属性上标注和侧重的详略程度不同。一些研究人员在项目中吸收 TEI 等元数据核心元素集的合理部分，不搞烦琐哲学，同时又充分利用 TMX 服务计算机处理，注重从双语句对抽取翻译知识的便利性，设计了能最大限度满足翻译研究和教学的文本属性标注体系。

（三）语言学标注

以上只是从元数据层面对文本的外部属性和文本结构的描述做了界定，要使双语平行语料库能在语言对比研究和翻译研究中充分发挥作用，基于语言学知识的加工标注必不可少。对比语言学和描写翻译学都是建立在语言本体研究基础上的，二者都对多种语言之间的使用现象进行了分析和研究。

语言学标注的原则是标注体系宜选用当前语言学理论中已有的定论，或受众面较大的标注方式，因为语料库建库不是目的，应用才是根本，如果标注体系不能为较大多数研究者所接受，其利用价值就有限。标注方案宜宽不宜窄，即便都是基于某个语言学体系，在标注内容和深度上也都有所差别，例如，有些标注分类带有研究者的研究特色，分类细致入微，但由于概括性不够或通用性不强，相应的语料库也仅适用于特定研究，适用广度不够。此外，机器学习细的标注集时，数据分散不容易有效发现规律，同时在训练后的自动标注时由于分类太多太细，对标注结果的准确性也难以把握。从实现角度来看，用于计算机处理的语料库标注比用于人的语料库标注要简省精炼很多，比如，宾州树库的词性标注集就比 Brown 语料库的标注集要小，只有 36 种，而像兰卡斯特大学的 CLAWS7 标注集高达 110 多种。

当前对语料的加工标注受计算语言学工具的制约，一般处在词性标注和句法标注的探索阶段。一些语义标注和篇章结构的标注尝试还处于人机结合层面，尚不能大规模展开，并且其准确率还有待提升，要全面工程化尚需时日，并且后期人工校对也费时费力。目前，研究人员还只是根据当前语言处理技术的进展，实施词语或句法层面的标注。假以时日，其他标注手段和工具有新的进展，研究人员就会及时对语料库标注内容进行新的完善。

1. 分词及词性标注

汉语是一种没有太多显性形态标记的语言，甚至词语之间都没有特定的间隔符号将其区分。汉语文本体现为连续的汉字串，英语词语有词间空格区分。要建立英语和汉语之间的关联，从显式的标记上找不到对应关系，必须对原始天然的汉语文本实施一定的处理。

汉语自动分词（Segmentation）是处理中文资料和信息的基础性手段。汉语自动分词的处理过程经历了一个巨大的转变，即从早期的"分词规范"，转变为"规范＋词表"并举，最后发展为"分词语料库"中"词语"定义的过程，不仅要求人们要从理论语言学的角度对词下定义，还要从计算机应用系统的角度出发，按照"切分单位"对词进行模拟处理，并使用不同的统计方法分析处理后的实际效果。处理信息观念上的转变让汉语自动分词具有了更丰富的属性。以机器学习为主的自动处理有两种类型，分别是挑选适合的语言特征和机器学习模型。

借助利用标点信息、语素构词信息、语音信息以及网络文本的结构信息等各类特征，使用基于序列标注和基于分类的机器学习算法，汉语分词既可以从由字组词这种特定序列构成的角度实现，如隐马尔科夫模型、条件随机场模型等，也可以从词的属性及其与相邻词的关系等出发分类，如最大熵模型等。目前，各类模型都有相应的实现手段，一些现存的工具可以拿来就用，这缓解了自主开发的困难。在项目实施之初，我们选择了当时表现最好、手头容易获取的中科院计算所 ICTCLAS 分词系统开源版本，并采用了系统自带、由北京大学计算语言学研究所发布的汉语文本词性标注标记集，对中文文本进行词性标注处理。

单纯的汉语词形分隔还只能被用于词形统计等。自然语言的复杂性在于词语兼有多种性质，但在具体语境中却往往只体现为其中某一类型。将自然语言文本中的词串转换为特定的词性串，有助于简化语言分析。使用词性串信息，能够以简驭繁，说明一类语言现象。在早期语料库研究中，有关词类搭配的研究被称为类联结，它与词间搭配都是语料库语言学的基础研究内容。由于词性标记并非自然语言的天然单位，不同语法体系甚至同一语法体系中都会有不同的词性集，因此，词性标注是一道依据语言学理论实施语料深化加工的工序。计算语言学家探索不同的词性标注方法，如基于语言学规则的、基于转换错误驱动的、基于各类统计机器学习算法的词性标注方式，并研制出了各式各样实验性的词性标注工具。许多自然语言处理项目也都配有相应的词性标注功能模块。事实上，可供利用的英语词性标注系统非常多。

2. 句法标注

在计算机科学和语言学中，句法分析是根据某种给定的形式文法，对由单词序列（例如英语单词序列）构成的输入文本进行分析并确定其语法结构的一种过程。通过句法分析，计算机能够理解和生成符合某种语法输入的表达式。句法分析往往是在词法分析、确定并离析词语的性质之后完成的。程序设计语言等人工语言，由于由专家定义，具有较确定的词法、语法性质，使用确定性算法处理起来相对容易；而自然语言充满各种歧义，直接照搬计算机编译原理的分析手段进行处理，无疑是不现实的。

句法分析的最终目标是自动推导出句子的句法结构。语法理论体系对句法分析影响巨大。按照不同的语法体系分析处理将会得到不同的语法结构，例如，遵循短语结构方法，对句子分析就将得到诸如 NP、VP 等短语标记分析结果。从这类标注语料中，机器将学习到短语结构规则；使用合一运算方法，则得到属性和特征集。当前计算语言学领域的语言资源建设风生水起，这是因为语料库标注能够为计算机自动提取和学习句法知识提供方便。这些句法标注成果主要体现为句法树库的建设。

树库中包含了大量的结构信息语言资源，能够作为一种提供必要句法训练和统一测评方式的平台；也能够为汉语句法学提供真实的文本素材，从而便于语言学家从中总结语言的运用技巧和规律；还能够让句子内部的词语义项和语义关系变得更为明确。通常来说，句法树库有两种主要的类型，第一种是以短语结构规则为基础的句法树，如宾州树库；第二种是能够说明词与词之间句法依存关系的依存树库，如布拉格捷克语的依存树库。利用这些已标注好的语言学资源，计算机能够从大规模的标注数据中学习到带有使用频度信息的规则或搭配，从而实现规则使用的优先级排序，在后续处理中也可以结合定量（使用频度）和定性（构成规则）手段，使句法分析性能得以提升。一般情况下，短语树库由于引入短语标记和非终结符，能够在一定程度上简化对语法规则的描述，这也是生成语法规则"递归性"的体现。但同样是因为抽象，短语树库可能因忽略结构体成分的特殊性，在实际处理大规模真实文本的复杂自然语言现象时，面临规则取舍及应用先后顺序等问题。树库的数据资源有望为定性规则提供概率信息，从而弥补这一缺憾。依存数库着眼于句中具体词语之间的关系，既可以与语料库研究中的搭配及类联结有千丝万缕的联系，又可以构建"大词库、小语法"的自然语言处理句法分析框架。

本书使用的是斯坦福大学的句法分析器和林德康开发的 Minipar 系统。前者既能生成短语结构树，又能进行依存句法分析；后者是一个快捷高效的依存句法分析器。由于应用目标之一是帮助中国学生掌握地道的英语搭配，其主要以词语依存关系的标注为主。在汉语方面，主要以哈尔滨工业大学信息检索实验室开发的语言技术平台的汉语依存分析器为主加工标注语料。

三、基于语料库的英语写作应用研究

（一）基于语料库的英语写作词汇层面研究发现

写作词汇层面的研究相比句法和语篇层面的研究来说是最多的，主要涉及两点：第一，词汇的使用和发展特征，如词汇分布和产出性词汇的发展特征、冠词误用、指示语的发展特征、高频动词和名物化特征，以及得到大量研究的话语连接语等。第二，词块/语块的使用和发展特征，如学生英语议论文写作中的词块使用特点、主题词的分布、复现组合等。这里主要归纳近年来发表在国内核心刊物上的部分研究。

1. 词汇的使用和发展特征

（1）词汇的分布和使用特征

我们能够充分利用语料库的功能，对大学生英语作文的分布情况进行研究。研究的问题有：第一，中国水平较高的英语学习者是否存在口语化的倾向性；第二，口语化的问题能否随着英语水平的提高而得到改善。主要的研究特征有两个方面：第一，读者或者是作者的显现度特征，其中包括模糊词、强调小品词、阅读和写作情景指代、第二人称代词（单复数）、第一人称代词（单复数）等；第二，不同词频等级的词汇范围分布特征。在研究中，我们可以发现，在常见的作文中，分布最广的是一级词汇，中国英语水平较高的学习者在书写英语书面语时，也会出现和其他国家学习英语的学习者一样的问题，那就是书面语中的口语化倾向严重。但是随着学习者英语水平的不断提高，书面语中的口语化问题已经得到了明显的改善。

（2）产出性词汇的发展特征

我们可以从两个方面对产出性词汇的发展过程进行分析，分别是广度知识和深度知识。词汇广度的考核标准包括词汇多样性、词汇复杂性和词汇分布；词汇深度知识一共有 15 种知识，共计 3 个范围，包括拼写知识（增音、减音、音置换、音易位）、形态—句法知识（生造词、一致、时态、数、冗余、省略、句式以及其他与语法相关的各类错误）和语义知识（词义、搭配和固定词组）。广度知识和深度知识与英语的水平关系十分密切，而且在深度知识发展的过程中，不同种类的深度知识发展的速度也是不同步的；广度知识的增长会随着深度知识的增长而增长。

（3）冠词误用现象

如果我们对中国学习者英语语料库（CLEC）中的大学英语学习者作为子语料库进行分析，就会发现中国学习者中经常会出现一些冠词误用现象。如果我们对作文中出现的冠词误用问题进行分析的话，我们就会发现冠词误用问题在一定程度上具有规律性的特征,并且还会对这些问题产生的原因进行分析。在学者们的研究中,我们可以发现,冠词的误用问题实质上是具备规律性和变异性的,按照冠词误用的特点,我们可以将问题分为三种类型,分别是冠词混用、冠词冗余、冠词省略,而且冠词省略是非常常见的一个问题。这三种误用的问题可能会由学生没有完全掌握冠词的用法、对冠词使用方法理解得过于笼统、语言迁移问题等产生。

（4）指示语的发展特征

中国大学生英语作文语料（WECCL）和本族语者写作语料（LOCNESS）进行对比的过程,也被称为对理论框架下的中介语和指示语发展问题的讨论。在研究过程中,我们将重点放在对两类指示语的分析上,分别是 this/these、that/those;在研究中探讨的问题有：中国英语学习者和英语母语者在书面语的使用方面存在哪些方面的差异？指示语的使用会受到哪些因素的影响？我们能够发现一点,中文和英语在指示代词、指示名词短语等使用方法上存在许多差异,但是在情境指示语的使用方面差距并不大。总的说来,指示语的使用能够反映出中介语中存在的共性特征,母语迁移产生的影响并不严重。学者们借助定性分析的方法,对二语产生的差异和水平的制约因素进行了分析和总结。

（5）高频动词的使用特征

我们可以在分析中国高校学生研究议论文高频动词具体使用的过程中使用语料库的研究方法。研究的主要方向是下面的三个问题：第一,大学生在写英语作文的过程中,最常使用的动词是哪些？如果根据语义的类型,我们可以将这些动词分为哪些类别？外国二语学生和母语者在使用动词上存在哪些明显地差异？第二,中国高校学习英语的学生在写作时所使用的动词属于中介语发展的共性还是个性？第三,中国高校大学生在写作的过程中会受到母语的影响,具体表现在哪些动词的使用上？下面,我们对上述的三个问题进行说明和解答：第一,中国高校学生和母语者的动词用法差异,主要集中在状态动词的使用上,中国学生会更加倾向于使用 think、know、get 等动词,而不怎么习惯使用 believe、feel、show、see 等动词,这说明中国英语学习者的动词储备量有所不足,而且经常在书面语中使用口语；第二,中国的高校学生更习惯使用"get+宾语"的词语结构,而且在使用过程中经常会出现动宾搭配错误的问题,这说明这一结构的独特性；第三,中国的英语学习者经常会在写作中使用一些指向性不清晰的动词。英语领域的学者们认为，出现这一现象的原因是母语和英语教学的方法存在不足。

2. 语块的使用和发展特征

近年来，有关词汇层面的写作研究尤其关注二语写作中词块或语块的使用特征。不少研究发现了我国学生写作中的语块使用特征，不仅揭示了学习者的语块搭配特点，也指出了相关问题特征，尤其是笔语体中的口语化特征和带母语思维特征。为方便讨论，以下用"语块"作为总称。

（1）语块的搭配特点

语块的搭配意识不是在线拼装意识。在语言输入过程中，搭配意识是指有意识地积累与语境知识相关的大量语块。语言输出过程中，搭配意识强，就能够注意运用丰富多样且适合语境的语块。如果缺乏搭配意识，问题就发生了，如语块提取不够流利、语块种类少、变体不丰富、长度偏短、过多使用或重复使用率高或者过少使用等。有关我国学习者语块使用特点的一些研究发现如下：

第一，学习者没有理解语块的作用，词汇的知识储备存在不足，学生们还未完全掌握常用词语的用法，而且在词语搭配的使用方面也经常出现错误。

第二，在学习写作的过程中，同一个主题能够加强语用特征和意义联系之间的关系，主要的主题词和其他次要的主题词存在较为复杂的联系。学生能否成功使用词语，主要在于学生们能不能从作文的写作主题出发，养成词语搭配的使用习惯，从而在写作的过程中正确体现出这些关系。

第三，国外研究发现，二语学习者倾向于过少使用语块表达式。与此研究发现不同的是，在我国英语专业学生的口笔语词汇中，英语频率副词既有使用过多的倾向，也有使用不足的倾向，但前者比后者更严重。

第四，高校学生使用词块的能力能够较为显著地体现在英语的口语成绩和写作成绩中，并且具体通过英语口头复述和规定时间的写作等课堂活动体现出来；不管是口语还是写作，不同学生在词块的使用上存在较大的差异性。

第五，学者们使用中介语对比分析的方法，对中国学生作文和母语者作文进行了总结：在中国学生的作文中，使用复现组合的情况比较多，这种使用的差异较多地体现在高频复现组合和较长的组合之中。我国学生使用的组合在结构上多表现为句干类组合，这样的组合一般会起到衔接篇章、强调、表态、突出集体等多种作用。在书面语的写作过程中，学生经常会使用不足的组合，从而起到具化表达、突出个人身份的作用。随着我国英语教学水平的不断提高，我国学习英语的学生在写作时降低了使用复现组合的效率，但是在复现组合的使用不足方面没有出现过大的变化。

第六，在对英语专业学生写作情况的调查过程中，我们可以发现，学生在写作中存在许多不足，包括对过去式的动词词块使用不足的问题，以及对"名词+介词"短语词块、含有同位语或定语从句词块使用不当的问题。

第七，大学生在非流利地产出语块的过程中，倾向于以语块中心词启动，然后逐步提取语块的其余部分，进而呈现出一种语块逐块搭建的模式。

第八，以中国学习者经常使用的英语书面语语料库为基础，我们对英国学生和中国学生语料库数据的使用情况进行了分析，中国学生在写作的过程中，经常会使用高频词表达自己的态度，但是却较少使用隐性的立场表达自己的想法，这也是中国学生学习英语中介词的一个重要特点。

（2）口语化特征

写作语体有别于口语中的非正式语体，它在表达上更加正式。语块是指那些具有特定意义和语法功能的语言单位，它可以通过词汇或句子来表达。在写作中语块的运用须与笔语的语体一致。学生在写作中运用语块时具有口语化特征。学生过多地使用 we、you 为主体的主动结构形式，这一使用特点和母语者有明显的不同。中国学生在写作中对第一、二人称代词的滥用，说明了学生没有意识到隐藏写作者第三人称的重要性，而是凸显读者的身份。中国学习英语的学生经常在书面语中使用母语者习惯使用的口语，也就是经常使用口语化的 we、you 问题，母语者不会这样表达。有学者对学生们使用 we 和 you 的情况进行了分析，发现学生们习惯在 we 和 you 之后接情态动词，而且习惯使用大量的核心情态动词，学生们习惯利用情态动词的作用表达强烈的个人感情。

（二）基于语料库的句法层面研究发现

在写作的句法层面上，国内研究内容主要涉及句子类型、时间状语从句的位置分布、从句错误、使役结构及与其相应的词化现象、疑问句和分裂句等句法特征。

1. 句子类型

较早的写作句法特征研究是从分析学生的句子类型开始的。研究发现，学生们平时写作时使用简单句的数量最多，其次是复合句，并列句和并列复合句的数量较少。从句型分布比例来看，简单句占主体，尽管这一点与本族语者写作的文章没有特别明显的差异，但是中国学生在日常的表达中更习惯使用简单句，一个主语后面需要有多个动词充当谓语。学生还较多使用句首状语句，这是中国学生在英语写作中的独到之处。此外，逗号连接句是学生受母语影响而产生的一种造句方式。

2. 从句特征

写作句法特征的研究曾一度发展缓慢，从 20 世纪开始才在从句特征方面得到了一些发展。有学者对英汉时间状语从句位置分布差异及其对学生英语写作的影响进行研究，发现由于英汉两种语言在时间状语从句分布上存在着一定的差异，二语学生，尤其是初级水平的学生，容易受母语的影响而将时间状语从句放在句首。这种使用倾向会对语篇连贯产生一定的影响。此外，中国学生在写作时易出现从句错误。从句错误主要存在三种情形：从句与主句关系上的错误、从句内部错误、关联词错误。这些错误可能源于母语的负迁移、英语语内迁移、对从句规则掌握不彻底等原因。我们在对中国学生使用从句产生的错误进行分析之后，发现中介语主要体现为三个特性：不稳定性、不系统性、不完整性。

3. 使役结构

针对中国大学生英语写作中的使役结构及与其相应的词化现象，研究者主要通过对中国学习者四、六级考试作文中的 make+object+compliment 使役结构及相应的词化使役动词的抽样提取、统计和分析，发现中国大学生在英语写作中过于倚重这一典型的原型表达方式的使用，而与其相对应的词化使役动词的使用则严重滞后。该现象的规律性可以从以下三个方面进行诠释：

（1）对语言表达程式的选择，包括综合性表达、分析性表达两种。

（2）使役概念的相关基础知识与学习者的表达方法。

（3）汉语和英语在使用使役概念时存在的差异，主要表现为不同的构词方式。

第二节　英语写作多媒体资源的运用

一、多媒体教学资源的类型

课件的制作对教学资源素材要求较高，但是实际需要的教学资源素材通常是分散的、不成体系的，这要求我们对不同类型的教学媒体资源素材进行大量采集，包括音像、视图、文本等素材，并加以合理地组合配置，使收集到的素材形成综合型多媒体教学资源库。我们应从教学的实际需要出发，及时整理和搜集教学资源的素材。只有这样，才能最大限度地发挥教学资源在教育教学活动中的作用，从而提高教学质量。下面将介绍教学资源的几种类型。

（一）文字素材

在各种类型的媒体素材中，以文字素材最为基础，对文字素材进行加工的过程，离不开对文字进行录入与编辑。多媒体技术的发展，对文字处理也提出了更高的要求。计算机的文字输入有多种方式，除使用频率最高的键盘输入外，也可采用语音输入、笔式书写的输入方式。其中用鼠标或键盘进行文字录入最为方便实用。当前的多媒体课件多采用 Windows 作为系统平台，所以在搜集文字素材时，应尽量使用 Windows 平台的文字处理软件，如写字板。在 Windows 系统中，文字文件有很多种类，如 Word 文件格式、写字板文件格式和纯文本文件格式。想要制作一个完整的课件，需要将多种文本文件组合起来才能使用，所以必须对各种文本进行转换处理，选择合适的文件格式。在选择文字素材的文件格式时，应考虑课件处理工具能否对这些格式进行识别，从而避免文字素材不能插入课件工具软件的现象。如要添加新内容，可将原文本转换成图片形式，再加载到课件中使用。文字素材在课件上有时会表现为图像的格式，比如，经过格式排版之后所带来的特殊效果，可通过图像方式进行保存。这些图像化的文字保留了原作的风格（字体、颜色、形状等），并能方便地调节大小。

（二）声音素材

课件中声音素材的采集和制作可以有以下几种方式：

第一，利用一些光盘中提供的声音文件。一些声卡产品的配套光盘往往也提供许多 WAV、MIDI、MP3 或 VOL 格式的声音文件。

第二，通过计算机中的声卡，从麦克风中采集语音生成 WAV 文件，如制作课件中的解说，就可采用这种方法。

第三，通过计算机中声卡的 MIDI 接口，从带 MIDI 输出的乐器中采集音乐，形成 MIDI 文件；或用连接在计算机上的 MIDI 键盘创作音乐，形成 MIDI 文件。

第四，用专门的软件抓取 CD 或 VCD 光盘中的音乐，生成声源素材，再利用声音编辑软件对声源素材进行剪辑、合成，最终生成所需的声音文件。

声音文件除 WAV 和 MIDI 等格式外，还有如 MP3、WMA、VQF 等其他高压缩比的格式，可以采用软件使各种声音文件进行格式的转换。

（三）图形、图像素材

数字图像可以分为以下两种形式：矢量图和位图。图形图像的采集主要有五种途径：用软件创作、扫描仪扫描、数码相机拍摄、数字化仪以及从屏幕、动画、视频中捕捉。在常见的图形创作工具中，Windows 下的"画图"是一个功能全面的小型绘图软件，它能处理简单的图形。还有一些专用的图形创作软件，如 CAD，可被用于三维造型。图像素材的采集大多通过扫描完成。高档扫描仪能扫描照片底片，进而得到高精度的彩色图像信息。现在流行的数字照相机为图像的采集带来了极大的方便，而且成本较低。数字化仪器用于采集工程图形，在工业设计领域用得较多。图像素材也可用屏幕抓图软件获得，抓图软件能抓取显示在屏幕上任何位置的图像，还可以用"超级解霸"等播放软件从 VCD 等视频中抓取图像，这样就大大地拓展了图像的来源。图形图像编辑软件很丰富，Photoshop 是公认的最优秀的专业图像编辑软件之一，它有众多的用户，但精通此软件并非易事。在众多的图像格式中，有一种非常特殊的格式：GIF。GIF 就是图像交换格式，它是 Internet 上最常见的图像格式之一，它有以下几个特点：

第一，GIF 只支持 256 色以内的图像；

第二，GIF 采用无损压缩存储，在不影响图像质量的情况下，还可以生成很小的文件；

第三，GIF 文件支持透明色，可以使图像浮现在背景之上；

第四，GIF 文件可以制作动画，这也是它最突出的一个特点。

GIF 文件的众多特点恰恰适应了 Internet 的需要，于是它成为了 Internet 上最流行的图像格式，它的出现为 Internet 注入了一股新鲜的活力。GIF 文件的制作也与其他文件不太相同。首先，我们要在图像处理软件中作好 GIF 动画中的每一幅单帧画面，然后再用专门制作 GIF 文件的软件把这些静止的画面连在一起，再定好帧与帧之间的时间间隔，最后再保存成 GIF 格式。

（四）动画素材

为了更好地描述过程事实，仅仅依靠文本信息或者图形图像信息的作用是不行的；想要达到最好的事实效果，需要让动画素材发挥相应的作用。无论是二维动画还是三维动画，都能够直观地展现出事物变化的真实过程。3DStudio 研发出了一款最新的 3DSMax，这款动画制作软件功能强大，只有硬件配置水平较高的计算机才能够正常运转。

（五）视频素材

视频信息包括一系列不断变化着的图像，每一个运动着的图被称为"帧"，如此，一帧一帧的画面很快就显示出来，构成一幅连续变化的图像。视频信息是人们获取和传递信息最重要的媒介之一，它以其丰富生动的表现方式，成为人类社会生活不可缺少的组成部分。电视上或者电影里播出的资料，就是我们所说的视频信息。数字化的视频信息是最具表现力的，人们最常用的形式有 AVI、MPEG。视频文件可在 Windows 系统中自带"媒体播放器"中播放。

（六）其他素材

课件有时也需要使用外部的程序，从而达到特殊的作用。为此，应设置一种特殊的素材——外部程序。这类程序素材如同一个专门的引擎，用来加工数据和驱动数据，使课件更具智能化。在课件制作的各个阶段都会用到这些文件。伴随着新媒体技术的快速发展，课件的表现形式、操作界面等都会逐步完善，这极大地提高了多媒体课件的功能性。

二、图像素材的获取

获取图像素材一般有以下途径及方法：

（一）从素材光盘中寻找

目前，很多公司、出版社制作了大量的分类图像素材库光盘，例如，各种植物图片库、动物图片库、办公用品图片库等，光盘中的图片清晰度高、制作精良，而且同一幅图还能以多种格式存储。这些光盘可以在书店等处买到。从素材库光盘中选择所需要的图像是一条捷径。

（二）从教学资源库中寻找

目前在学校常用的教学资源库素材中，我们能找到相当一部分与教学内容相关的图形图像素材。

（三）在网上查找

网络提供了各种各样非常丰富的资源，特别是图像资源。对于网页上的图像，我们可以通过把鼠标放在所需的图片上，并按右键在弹出的菜单中选择另存图片选项，把网页上的图片下载存储在本地计算机中使用。有些提供了素材库的网站，也提供了图片下载工具，我们便可以直接把素材库中的图像素材下载到本地计算机中使用。

三、音频素材和视频素材的获取与处理

（一）声音素材的获取与处理

1. 声音素材的获取

windows自带声音录制的录音机，默认录制1分钟，可以通过修改注册表改

变默认时间，要将 WinXP 录音机时间增加到 300 秒先要配置一个能用的麦克风。

（1）将麦接头插入机箱后面红色的接口上（麦接口一般都是红色的）。

（2）打开控制面板—声音和音频设备—高级音量控制（XP）。

（3）这时会弹出来一个小音量控制的对话框，点击选项—属性，点击录音—确定。

（4）这时界面会改变，在麦克风下面选择打勾，有的电脑中会显示 Mic，再适当地调整音量，这样就已经选择好了，可以开始录音了！

在录音之前，我们要保证声卡和麦克风正常；在录音的过程中，最好周围无杂音，可以适当加减音量、加速减速；录音完成后，可以选择合并分解音频等功能，最后一定要保存。

2. 声音的处理

（1）声音的打开、播放和存储技巧

声音在教师的教学中得到了广泛应用，在课堂中使用声音可以创设教学情境，实现人机会话、规范朗读，也可以调节学习情绪、提高注意力、激发兴趣等。声音的处理软件有很多，常用的主要有 Windows 自带的录音机、数码录音及编辑软件 Gold Wave、专业音频处理软件 Adobe Audition 等，这里介绍如何使用 Gold Wave 处理声音。

第一，Gold Wave 的主要功能有录音、声音剪辑、合成声音、增加特效和文件操作等。Gold Wave 不需要安装，直接双击 Gold Wave.exe 就可以运行，第一次运行会弹出需要安装设置和预置的对话框，单击"是"即可。

第二，Gold Wave 启动后会打开两个窗口，一个是"音频编辑窗口"，另一个是"控制器窗口"，其中"控制器窗口"的显示方式可以通过"窗口"菜单来设置。如果还打开了音频文件，在"音频编辑窗口"中还会显示声音的信息。

第三，Gold Wave 可以一次打开一个音频文件，也可以一次选中多个文件一起打开。当打开的文件较多时，可以通过"窗口"菜单让文件对应的窗口进行"层叠""平铺"等显示和排列。

第四，Gold Wave 打开声音文件以后，可以进行声音的播放，这主要通过"控制器"窗口来完成。在"控制器"窗口中，有专门负责播放的两个按钮（绿色播放按钮和黄色播放按钮），对这两个用户自定义播放按钮进行设置后，可以控制不同声音选择区域的播放。设置方法为：单击"选项"—"控制器属性"，在"播放"标签下进行设置。另外，在"控制器"窗口还可以进行声音的录制，音量、声道和播放速度的调整，这些控制都不会影响声音文件的编辑结果。

第五，Gold Wave 在录制或处理完声音后，可以把声音文件保存成合适的类型和属性。操作方法为：单击"文件"—"另存为"，设置名称、保存地点、保存类型和声音文件的属性，保存类型可设置为常见的声音类型，如 MP3 格式；声音文件的属性可以根据实际需要选择一组设置。

（2）声音的录制技巧

录制声音先要建立声音文件，在新建声音文件时，可以设置录制声音的声道数、采样频率和初始长度等信息，一般设置声道数为"2（立体声）"，设置采样频率为"44100"，初始长度根据实际需要设置。如果需要录制来自麦克风中的声音，正确连接麦克风后，在"控制器属性"对话框的"设备"选项卡中进行录音设备的选择设置后，在"控制器窗口"单击"录音"按钮开始，单击"停止录音"按钮结束；录制后，可单击"控制器窗口"中的播放按钮查看。

（3）声音的基本编辑技巧

要想对声音文件进行编辑，先要对声音文件进行选择。粗略选择声音时，用鼠标在"音频编辑窗口"中拖动选择声音的区域，被选择的声音区域默认以蓝色背景显示；精确选择声音时，用鼠标在"音频编辑窗口"中拖动原声音区域的边界线，改变所选声音开始或结束的位置，通过播放试听所选区域，反复调整边界，直到满意为止。如果单击"编辑"—"标记"—"设置标记"，还可以更精确地设置开始和结束的时间。

在 Gold Wave 中，还有一些选择声音的特殊情况：在工具栏中单击"选显"，可以把当前选择的声音放大显示在声音文件窗口；在工具栏中单击"全显"，可以把全部声音文件显示在声音文件窗口，同时保持原来的选区不变。

在 Gold Wave 中还可以对声道进行选择，如果是双声道的声音（立体声），默认在声音文件窗口用绿色和红色分别显示，单击"编辑"—"声道"，可以分别选择左右声道或全部声道信息进行编辑。

Gold Wave 可以对声音进行裁剪和拼接,裁剪声音文件时,可以先粗略选择需要的声音区域,通过播放试听所选区域,再用拖动声音区域边界线或"设置标记"的方法精确设置选区,设置时可以参考窗口下方状态栏中的选区时间提示。选择声音后,可以对选区以外的声音进行裁剪,在工具栏中单击"裁剪",可以剪切掉选区以外的声音信息,同时把选区内的声音放大显示在整个窗口。如果打开的声音文件前后有无声的信息需要裁剪,可以分别选中前后的无声信息,在工具栏中单击"删除",还可以选中有声的信息,在工具栏中单击"裁剪"。

(二)视频的获取与处理

1. 视频的获取

(1)可以在 56 网、酷 6 网、土豆网、暴风影音、PPTV 网络电视等常用视频播放软件中进行视频的搜索与下载。对于不是主流视频网站的视频,我们可以通过查找临时文件夹的方式寻找视频,也可利用浏览器的历史文件。

(2)浏览器在线观看,此时视频以临时文件的形式保存个人数据或者临时目录中,具体目录可以通过如下方法查找:

第一,在 IE 中点击"工具"中的"Internet"选项,进入"Internet 选项"Internet 属性界面。

第二,点击"浏览历史记录"下面的"设置"按钮。然后点击"查看文件",即可看到默认缓存文件的内容,此文件夹下的内容包含我们要找的文件。

第三,可以发现,现在这个文件夹里面已经有一些文件了,并且列出了各个文件的详细信息,包括文件名(Name)、网址、文件类型(Type)、大小(Size)等。这个方法主要用到的就是大小,还有文件类型。由于这里有文件了,为了避免干扰下载,必须把这些文件删除掉。方法是:依次打开工具—选项,点击里面的删除文件,勾选"删除所有脱机内容",点是(OK)。这样以后,重新刷新一下临时文件夹,里面除了一些 Cookie 开头的文件之外,其他的文件就都没了。接下来,打开想下载文件所在的网页,等待缓冲下载完毕。

第四,这样以后,重新返回到临时文件夹,刷新一下,点大小,按降序排列。可以发现最大的那个文件有 8508KB,再看一下文件类型,是媒体文件,把它复制出来到另外一个文件夹，然后播放，我们可以发现所播放视频就是这段视频。

（3）下载网络上主流视频网站上的视频，可用稞麦综合视频站下载器或者硕鼠下载器，硕鼠下载器是著名的 FLV 在线解析网站官方制作的专业 FLV 下载软件。硕鼠下载器提供土豆、优酷、新浪、搜狐、CCTV 等 55 个主流视频网站的解析+下载+合并/转换一条龙服务。硕鼠支持多线程下载，可智能选择地址、自动命名、FLV/MP4 自动合并、智能分类保存，具备"一键"下载整个专辑的功能，无须人工干预，并集成了转换工具，可将下载文件批量转换为 3gp、AVI、MP4 等格式。

2. 视频的处理

（1）可运用格式工厂、狸窝软件进行视频格式转换；

（2）可运用会声会影软件进行视频处理多媒体教学软件的设计。

第三节　英语写作微课资源的运用

一、微课概述

（一）微课的基本含义

微课是指基于教学设计思想，使用多媒体技术，在五分钟左右的时间内就一个知识点进行针对性讲解的一段音频或视频。另外，"微课"也指教师在课堂内外教育教学过程中围绕某个知识点（重点难点疑点）或技能等单一教学任务进行教学的一种教学方式，具有目标明确、针对性强和教学时间短的特点。在教育教学中，微课所讲授的内容呈点状、碎片化，这些知识点，可以是教材解读、题型精讲、考点归纳，也可以是方法传授、教学经验等技能方面的知识讲解和展示。微课是课堂教学的有效补充形式，微课不仅适合移动学习时代知识的传播，也适合学习者个性化、深度学习的需求。

（二）微课的组成

"微课"的核心组成内容是课堂教学视频（课例片段），同时还包含与该教学主题相关的教学设计、素材课件、教学反思、练习测试及学生反馈、教师点评等辅助性教学资源，它们以一定的组织关系和呈现方式共同"营造"了一个半结构化、主题式的资源单元应用"小环境"。因此，"微课"既有别于传统单一资源类型的教学课例、教学课件、教学设计、教学反思等教学资源，又是在其基础上继承和发展起来的一种新型教学资源。

微课可以使用手机、数码相机、DV等摄像设备拍摄和录制，也可以使用录屏软件录制音频或视频，录屏软件有Camtasia Studio、Screen2swf、屏幕录像专家等。

（三）微课要求

（1）录制时，调整电脑分辨率为1024×768，颜色位数为16位。PPT尽量做到简洁、美观大方（尽可能使文件小，易于传输）。

（2）时间须严格控制在五分钟左右。

（3）内容非常碎片化、非常精炼，要在五分钟内讲解透彻，不泛泛而谈，若内容较多，建议制作系列微课。

（4）在编写微课内容时，要基于教学设计思想，完全一对一地启惑解惑。

（5）微课在内容、文字、图片、语言等方面须准确无误。

（6）微课讲解时，要保证声音响亮、抑扬顿挫；语言通俗易懂、深入浅出、详略得当，不出现你们、大家、同学们等大众受众式用语。

（7）若在讲解中使用课件，课件要有视觉美感（建议PPT尽量采用单色，突出简示洁之美）。

（8）视频画质要清晰。

（9）建议能看到教师头像。在PPT+视频的录制模式下，头像不遮挡教学内容。

（10）要有片头片尾，显示标题、作者、单位等信息。

（四）微课的主要特点

1. 教学时间较短

教学视频是微课的核心组成内容。根据中小学生的认知特点和学习规律，"微课"的时长一般为5~8分钟，最长不宜超过10分钟。因此，相对于传统的40或45分钟一节课的教学课例，"微课"可以被称为"课例片段"或"微课例"。

2. 教学内容较少

相对于较宽泛的传统课堂，"微课"的问题聚集、主题突出，更适合教师的需要；"微课"主要是突出课堂教学中某个学科知识点（如教学中重点、难点、疑点内容）的教学，也是能反映课堂中某个教学环节、教学问题的教与学活动，相对于传统一节课要完成复杂众多的教学内容，"微课"的内容更加精简，因此它又可以被称为"微课堂"。

3. 资源容量较小

从大小上来说，"微课"视频及配套辅助资源的总容量一般在几十兆左右，视频格式须是支持网络在线播放的流媒体格式，师生可流畅地在线观摩课例、查看教案、课件等辅助资源，也可灵活方便地将其下载保存到终端设备（如笔记本电脑、手机、MP4等）上，这实现了移动学习、"泛在学习"，非常适用于教师的观摩、评课、反思和研究。

4. 资源组成、结构、构成"情景化"

资源使用方便。"微课"选取的教学内容一般要求主题突出、指向明确、相对完整，它以教学视频片段为主线，"统整"教学设计（包括教案或学案）、课堂教学时使用到的多媒体素材和课件、教师课后的教学反思、学生的反馈意见及学科专家的文字点评等相关教学资源，是一个主题鲜明、类型多样、结构紧凑的"主题单元资源包"，能够营造一个真实的"微教学资源环境"。这使得"微课"资源具有视频教学案例的特征。广大教师和学生在这种真实的、具体的、典型案例化的教与学情景中可轻易实现"隐性知识""默会知识"等高阶思维能力的学习并实现教学观念、技能、风格的模仿、迁移和提升，从而迅速提升教师的课堂教学水平、促进教师的专业成长、提高学生学业水平。就学校教育而言，微课不仅是教师和学生的重要教育资源，也是学校教育教学模式改革的基础。

二、英语写作微课设计过程中的教学策略

（一）将情景创设教学策略应用于教学内容呈现

在建构主义指导下的"英语写作微课"教学强调情境的建构。通常，"英语

写作微课"根据创设情景来设计写作教学的内容。有很多方法可以来创设微课写作教学中的情景，如图片、对话、短片甚至是教师所进行的语言描述。老师应依据特定的英语写作教学目标、教学内容和学生的自身特点来进行创建情景方式的选择。比如，在讲授关于《festivals》的写作教学设计和相关微课进行辅助教学时，可以在微课的导入环节呈现春节的相关歌曲，从而创设一种过节的情景氛围，进而引出本课话题；在知识内容呈现中，把红包、鞭炮、包饺子以及穿新衣服的图片进行展示，进行情景创设，使学生在学习春节活动的短语时更加生动形象地激发写作兴趣。

（二）将启发式教学策略应用于教学内容传递

"启发式"教学的核心是培养学生的创造能力与独立思考能力。它要求以教师为主导、学生为主体，教师根据写作教学目标和学生的实际写作情况不断优化微课教学内容的传递方式；这种教学是在教师自身的指导下，激发和引导学生参与写作学习的教学活动，可以促进学生写作思维能力的发展。具体的启发式教学策略包括：

首先，讨论启发教学策略。它是一种师生互动性的启发教学方法，具体在写作微课教学中则是一种模拟的师生互动，其讨论要以教师为主导、学生为主体。在师生讨论中，学生的思维敏捷性和反应能力得到了提高，同时也提高了英语写作教学的针对性与有效性，并大大提高了写作教学的效率，还可以引导学生主动进行写作知识的思考，使教师的教与学生的学完美的融合在一起。比如，在进行关于《a letter of advice》的微课应用文写作教学中，教师要与学生模拟讨论如何写作一篇好的建议信，而不是直接告诉学生，这样可以调动学生的思维，更有利于学生对英语写作的学习。

其次，提问启发策略。在这一策略中，教师在对学情进行相关分析后，为了培养学生的写作学习兴趣，可以设计一些启发性的写作问题，从而引发学生主动思考，最终引导他们找到问题的答案。这样既可以拓宽学生的写作思维，又可以调动学生英语写作的学习热情。比如，在进行《friendship》主题的写作微课教学中，老师可以提问学生，你为什么认为XX是你的好朋友？从这一问题出发，引发学生对好朋友所具有的品质的思考，从而进行相应的写作教学活动。

最后，情感启发教学策略。现代心理学家提出：沮丧的情绪会抑制人的思维，而乐观开朗的情绪有助于涌现灵感。写作微课教学不仅促进师生之间知识信息的传递，而且应当包含着师生间感情的交流。为此，教师应在微课教学过程中联系所教授内容，努力地激起学生的相关情绪，使学生在获得生活启迪的同时集中精力来进行英语写作的学习。情感启发的方式有许多种，可以通过图片、影音、音乐等方法，使学生感同身受，并引起共鸣而使其自主地去探索写作方式。比如，在讲授以《environmental protection》为主题的作文时，可在微课教学过程中通过环境破坏所造成危害的相关图片来引起学生的共鸣，激发学生的创作欲望。

三、英语写作微课实施过程中的教学策略

（一）将自主学习教学策略应用于课前预习与课后复习

自主学习教学策略通常是指个人自主确定学习的目标，自主地对学习方法进行选择，并自我监控学习以及对学习结果进行自我评估。在这一教学策略中，学生应对自己的学习活动与行为负责。培养学生的自主学习能力与引导学生学会自主学习是在教学中两个非常重要的方面。我们可以把自主学习教学策略大致分为两种：一种是课前进行写作预习策略，另一种是课后进行写作复习策略。为了唤起学生的写作自主学习意识，可以把生动、直观及形象的写作微课用于新课预习，这样不仅可以降低写作学习难度，而且还能让教师找出学生在微课学习中遇到的问题，更有针对性地对学生的写作学习进行引导，打造高效英语写作课堂。将写作微课用于课后复习巩固能满足学生的个性化写作学习需求，提高其自主学习写作能力。

（二）将小组合作教学策略应用于课堂中教学活动

我国小组合作研究教育学者王红宇认为："小组合作学习，实际上是按照规定的要求与合作程序，以小组学习为主要组织形式的课堂教学，通过小组的共同探讨和综合学习，从而实现学生在人际交往中认知与情感的提升的这样的一种教学

策略。"[1] 本文所述英语写作微课教学策略中所采纳的小组合作活动主要包含两种：第一种，教师对学生进行分组，然后由小组间进行讨论总结写作模板，以便为今后写作提供框架，最后选择其中几组进行展示。在此进行的小组合作活动有利于学生们集思广益、互相启发，可以提高学生学习的热情、培养合作精神以及带动课堂气氛；第二种，在写作完成后，学生先自评，然后小组间进行互评，最后在由老师进行评价。在互评中，学生可以学习他人优秀的句子表达，对于其中易错点也能有更深刻的理解。从而提高自身写作水平。总之，小组合作活动教学策略倡导指向学科核心素养的英语学习活动观和自主学习、合作学习、探究学习等学习方式，值得广大教师在微课写作教学中采用。

（三）将交互式教学策略应用于课堂中教学内容传递

互动式教学是一种教学方法，这种方法主要根据宏观教学的情况并结合自由的教学平台，根据特定的问题或主题进行教师的教和学生的学。各种形式的写作教学活动中都存在交互作用，其中，交互具体是指教师和学生之间所进行的知识信息交换。实际上，互动是英语写作教学活动的最基本特征之一。而且交互式教学非常重视学习者之间的相互支持和促进。学生应在教师的带动下对写作教学知识点进行讨论，从而加深对写作教学内容的理解。比如，在教师进行《wildlife protection》主题微课写作教学过程中，可以引导学生对如何保护野生动物进行讨论，学生们的相互讨论，以及教师适合的补充都属于交互式教学策略的运用。

---

[1] 王红宇. 美国合作学习简介[J]. 外国教育资料，1991（05）：32.

参考文献

[1] 吴婷婷，宋洁，杨慧. 大学英语写作教学研究 [M]. 长春：吉林人民出版社，2021.

[2] 曾屹君. 英语写作教学理论与实践新探索 [M]. 长春：吉林出版集团股份有限公司，2022.

[3] 刘娟. 英语写作教学有效性分析 [M]. 成都：电子科学技术大学出版社，2020.

[4] 乔玲玲. 大学英语写作教学的动态评价研究 [M]. 西安：世界图书出版西安有限公司，2019.

[5] 刘梅. 大数据时代的英语写作教学与研究 [M]. 苏州：苏州大学出版社，2018.

[6] 陆春霞. 英语写作教学理论与实践研究 [M]. 北京：北京工业大学出版社，2019.

[7] 黄耀华. 基于语料库的大学英语写作教学研究 [M]. 西安：西安交通大学出版社，2017.

[8] 康霞. 英语写作教学理论与实践研究 [M]. 北京：北京邮电大学出版社，2017.

[9] 常胜军. 专业英语写作与教学研究 [M]. 长春：吉林大学出版社，2013.

[10] 姜涛. 大学英语写作教学理论与实践 [M]. 长春：吉林出版集团有限责任公司，2009.

[11] 朱海霞. 英语专业学生商务英语写作能力的实证分析 [J]. 商务英语教学与研究，2021（1）：59-67.

[12] 肖平飞，刘欣婷. 直接聚焦与直接非聚焦书面纠正性反馈对英语写作介词习

得的影响研究 [J]. 外语电化教学，2021（03）：44-49+7.

[13] 李孟端. 中国大学生英语写作动机实证研究 [J]. 二语写作，2021（01）：37-46+131.

[14] 黄乐平，张永悦. 国内英语写作教学现状、问题及展望 [J]. 江苏外语教学研究，2021（2）：1-4.

[15] 陈丹丹. 动态评价视角下网络同伴互评对英语写作质量的影响 [J]. 外语电化教学，2021（2）：17-23+3.

[16] 陈静，陈吉颖，郭凯. 混合式学术英语写作课堂中的学习投入研究 [J]. 外语界，2021（1）：28-36.

[17] 李奕华. 基于动态评估理论的英语写作反馈方式比较研究 [J]. 外语界，2015（3）：59-67.

[18] 李航. 大学生英语写作焦虑和写作成绩的准因果关系：来自追踪研究的证据 [J]. 外语界，2015（03）：68-75.

[19] 徐昉. 学术英语写作研究述评 [J]. 外语教学与研究，2015，47（01）：94-105+160-161.

[20] 王海啸. 大数据时代的大学英语写作教学改革 [J]. 现代远程教育研究，2014（03）：66-72+86.

[21] 李佳洪. 深度学习视域下英语写作教学对高中生批判性思维培养的实证研究 [D]. 哈尔滨：哈尔滨师范大学，2022.

[22] 蒋铃. 基于问题式学习的英语写作教学对高中生批判性思维影响的实验研究 [D]. 广州：广州大学，2022.

[23] 解冰. 中国学生在线英语写作同伴互评学习投入历时性研究 [D]. 长春：东北师范大学，2021.

[24] 李雪婷. 非英语专业大学生英语写作错误的调查研究及其对英语教学的启示 [D]. 南京：南京邮电大学，2020.

[25] 乌优. 基于"产出导向法"的师生合作评价在蒙古语授课大学英语写作教学中的应用研究 [D]. 内蒙古：内蒙古师范大学，2019.

[26] 曹朋飞. 产出导向法理论在大学英语写作教学中的应用研究 [D]. 哈尔滨：

哈尔滨师范大学，2017.

[27] 柳晓韵. "以读促写"在高中英语写作教学中的应用研究[D]. 南京：南京师范大学，2015.

[28] 郑红苹. 大学英语写作诊断式教学研究[D]. 重庆：西南大学，2015.

[29] 冯钧. 思维导图在五年制高职英语写作教学中的实践研究[D]. 武汉：华中师范大学，2014.

[30] 周书萌. 基于思维导图模式的高中英语写作教学研究[D]. 石家庄：河北师范大学，2014.